# LOIS
# MUNICIPALES

## DES RÉPUBLIQUES

## DE LA SUISSE ET DES ÉTATS-UNIS

PAR

### FERDINAND BÉCHARD,

Ancien membre de l'Assemblée nationale,

Auteur du Traité

DE L'ADMINISTRATION INTÉRIEURE

DE LA FRANCE.

PARIS

D. GIRAUD ET J. DAGNEAU, LIBRAIRES-ÉDITEURS

7, RUE VIVIENNE, AU PREMIER, 7

**Maison du Coq d'or.**

1852

# LOIS

## MUNICIPALES

### DES RÉPUBLIQUES

#### DE LA SUISSE ET DES ÉTATS-UNIS.

Paris.—Imprimerie Bonaventure et Ducessois, 55, quai des Augustins.

# LOIS
# MUNICIPALES

## DES RÉPUBLIQUES

## DE LA SUISSE ET DES ÉTATS-UNIS

PAR

### FERDINAND BÉCHARD

Auteur du

TRAITÉ DE L'ADMINISTRATION INTÉRIEURE

DE LA FRANCE.

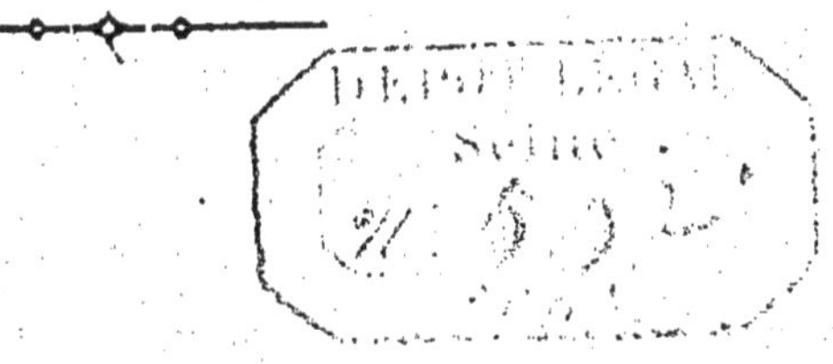


## PARIS

### D. GIRAUD ET J. DAGNEAU, LIBRAIRES ÉDITEURS

rue Vivienne, 7.

Maison du Coq d'Or.

1852

# INTRODUCTION.

---

Les institutions administratives de la Suisse et des États-Unis d'Amérique procèdent d'un principe politique analogue à celui qui régit en ce moment la France; mais elles ont un caractère municipal et fédératif diamétralement opposé à notre excessive centralisation.

Il m'a donc paru utile, puisque la constitution décrétée par le Président de la République française, en vertu des pouvoirs que la nation lui a délégués, annonce la reprise des travaux interrompus de l'Assemblée législative sur l'administration des communes et des départements, de reprendre moi-même une étude des législations municipales comparées [1],

---

[1] De l'administration intérieure de la France. Paris, 1851, 2 vol. Giraud et Dagneau, libraires, rue Vivienne, 7.

qui acquiert un nouveau degré d'intérêt de la suspension forcée des discussions politiques, et de la direction des esprits vers la solution des problèmes d'organisation et d'économie sociale.

Quel que doive être l'esprit de la loi municipale, promise par l'article 57 de la constitution du 15 janvier 1852, il ne peut pas être sans intérêt pour ceux qui seront chargés d'élaborer cette loi, de chercher dans les législations étrangères, sinon des modèles, du moins des points de comparaison, et d'examiner notamment quelle est, dans les deux républiques, de la Suisse et des États-Unis, l'étendue et la limite de la démocratie communale.

La démocratie n'a pas et ne peut avoir un type uniforme. L'égalité absolue des hommes est une chimère. « La nature, dit Vauvenargues, n'a rien fait d'égal; sa loi souveraine est la subordination et la dépendance. » Non-seulement l'égalité absolue n'existe pas entre des êtres qui n'ont pas reçu de la nature la même mesure de forces et d'intelligence, mais cette égalité ne pourrait pas exister sans détruire la société humaine. Ce sont les besoins mutuels qui unissent les hommes, et il ne saurait y avoir de besoins mutuels entre des hommes absolument égaux.

Toutefois le nivellement progressif des conditions humaines est un fait providentiel qu'il est du devoir des gouvernements de développer, sous la condition de ne porter ni directement ni indirectement atteinte

au droit de propriété. Partout où l'égalité est un fait,
la démocratie est un droit dont le vote universel est
l'expression nécessaire. Ainsi, quelques pâtres des
Alpes, égaux par la pauvreté, brisent ensemble le joug
féodal et se font le serment solennel de soutenir réciproquement les lois qu'ils se sont données à eux-
mêmes. Ainsi, trois siècles après, quelques émigrants,
tous sortis des classes moyennes de l'Angleterre, vont
chercher sur les rivages du Nouveau-Monde la liberté
de conscience et le *self government*. Dans de telles
circonstances quel serait le motif de l'inégalité des
votes? Dans les cantons primitifs de la Suisse, comme
dans les colonies de l'Amérique, le principe démocratique a été la conséquence logique d'un état social
donné.

Mais partout où les révolutions religieuses politiques ou industrielles ont détruit les rapports primitifs,
l'altération des mœurs a produit l'altération des lois,
et à mesure que le fait de l'égalité s'est modifié, le
principe démocratique a dû varier dans son expression.

Aux États-Unis et en Suisse, les formes du principe
démocratique sont très-diverses.

L'idéal de la démocratie, le gouvernement direct
par le peuple, existe dans les cantons primitifs, chez
les descendants de Guillaume Tell, plus large, plus
sincère, plus moral surtout que dans les républiques
de l'antiquité. Là, point de lois écrites; la vieille foi,

les mœurs, les traditions historiques. Toutes les affaires publiques sont réglées par l'assemblée générale, par la *landsgemeinde*, assise, en commémoration des vieilles luttes contre l'oppression féodale, sur les pierres des murs et des tours des châteaux démolis.

Dans quelques démocraties représentatives, telles que Zurich, Saint-Gall, Argovie, Thurgovie, le Valais, les Grisons, l'assemblée générale de tous les citoyens domiciliés dans la commune forme l'assemblée législative. Un conseil communal, élu par cette assemblée, forme le pouvoir exécutif. Dans d'autres cantons, dans ceux de Vaud, de Genève, etc., l'assemblée communale est purement électorale ; elle nomme un conseil communal auquel seul est confié l'exercice du pouvoir exécutif.

Dans certains cantons, la *commune politique*, la *commune bourgeoise*, la *paroisse* sont distinctes, et quant aux personnes et quant aux biens. Dans d'autres, elles se confondent dans la commune *des habitants* ; dans d'autres enfin le système d'administration est mixte. Ici les bourgeoisies sont fermées, ailleurs elles sont ouvertes à quiconque veut les acheter.

Dans certains cantons, le chef de la commune (*ammann*) est élu par l'assemblée communale ; dans d'autres, il est nommé par le conseil communal.

Ici l'*ammann* est un magistrat purement municipal ; ailleurs, il exerce des fonctions déléguées par le conseil d'État.

Dans certains cantons de la Suisse orientale, tels que Saint-Gall, Glaris, les Grisons, la souveraineté communale est presque absolue. Dans les cantons occidentaux, il y a plus de centralisation.

Mais, en général, partout subsiste un double principe : la démocratie tempérée par l'aristocratie bourgeoise, l'autonomie modérée par la surveillance du conseil d'État.

La Suisse est la terre des vieilles cités. Sa démocratie n'a que le nom de commun avec la démocratie turbulente et envieuse de l'Europe moderne. Patriarcale chez les pasteurs des cantons primitifs, industrieuse à Bâle, à Zurich, savante et polie à Lausanne, à Genève, à Berne, catholique à Fribourg, à Lucerne, presque monarchique à Neuchâtel, elle varie dans ses formes, mais elle se montre animée partout d'un esprit à la fois conservateur et progressif. On retrouve cet esprit dans la *landsgemeinde* des petits cantons, comme dans les grands et les petits conseils des démocraties représentatives. Les mœurs et les institutions indigènes de la Suisse sont libérales. Le radicalisme révolutionnaire, qui travaille une partie de ses populations, est d'origine étrangère. Ce sont des Allemands[1] qui ont importé à Zurich, après la révolution française de 1830, le radicalisme hégélien. Ce sont des journalistes français[2], quoique Suisses d'origine peut-être, qui

[1] MM. Scherr, Louis Snell, Frédéric Strauss, etc.
[2] MM. James Fazy, Druey, etc.

propagent, dans les cantons de Genève et de Vaud les principes de la démagogie. Le radicalisme exotique s'attaque, en Suisse, aux abus des bourgeoisies closes, aux inégalités factices, à la fausse aristocratie. Mais au lieu de proposer des réformes, il attise des insurrections ; au lieu de ranimer l'esprit municipal et fédératif, il prêche l'unitarisme ; au lieu de fonder la liberté de tous, il favorise le despotisme de quelques-uns. Indifférent ou hostile au droit de propriété partout où le besoin de sa popularité lui commande d'en faire bon marché, il confisque, à Genève, les biens des corporations protestantes, et, à Fribourg, les colléges et les établissements catholiques.

A peine la démagogie eut-elle pénétré en Suisse, à la suite de nos armées, que l'instinct patriotique et honnête des paysans des petits cantons devina les dangers de son pseudo-libéralisme. Les docteurs de Berne et de Genève les reconnaissent, trop tard peut-être aujourd'hui. Effrayés des progrès du mal, les conservateurs de toutes nuances, catholiques et protestants, patriciens et bourgeois, soldats du Sonderbund et de l'armée fédérale se tendent la main pour le combattre de concert.

Mais il est plus facile de descendre que de remonter la pente révolutionnaire. Chose remarquable ! le vote universel et direct produit en Suisse des résultats d'autant plus mauvais que la base de ses opérations est plus large. L'esprit conservateur se ranime dans beaucoup d'assemblées communales. Quant aux conseils politiques, on remarque dans plusieurs canton, dans celui de Berne par exemple, que les élections fédérales sont radicales, tandis que les élections au conseil d'État sont conservatrices.

Aussi les hommes d'ordre de tous les cantons de la Suisse, quelles que soient d'ailleurs leurs opinions en fait de démocratie et de centralisation politique, sont-ils fortement attachés aux franchises municipales.

C'est là la vie de la Suisse, le berceau de ses libertés, le foyer de son patriotisme, le principe de ses progrès administratifs et politiques. Partout on reconnaît qu'on ne peut être citoyen d'un canton qu'à la condition d'être citoyen d'une commune. Partout, et surtout dans les cantons où règne la démocratie pure, on voit dans le droit de bourgeoisie un obstacle salutaire à l'invasion des étrangers, et par conséquent un principe d'ordre, une garantie du droit de propriété, une digue aux égarements du suffrage universel. Quelques cantons exagèrent ce principe fondamental. Le droit de libre établissement, le droit de libre industrie, ne sont pas encore reconnus partout. Ici c'est l'intolérance religieuse qui y met obstacle; là c'est l'esprit de monopole des corporations industrielles. Mais ces idées du moyen-âge s'effacent et tendent à disparaître. Le système des bourgeoisies closes, nées de la réforme du seizième siècle, et enrichies des biens des

I.

couvents spoliés au profit des communes, est aussi en décadence. On sent partout la nécessité d'ouvrir l'accès de ces bourgeoisies ; on ne varie que sur les limites, les formes, les conditions. Dans un temps prochain, il faut l'espérer, les entraves de l'intolérance et du monopole auront disparu, mais les garanties morales subsisteront. Le droit de bourgeoisie doit être religieusement conservé, c'est l'ancre de salut de la Suisse. Dans les cantons protestants comme dans les cantons catholiques, à Berne comme à Lucerne, à Genève comme à Fribourg, on veut les libertés communales ; mais on veut le maintien des droits et des propriétés des corporations bourgeoises, religieuses, industrielles ; car il n'est pas de citoyen qui n'y participe de quelque façon.

On tient en Suisse aux libertés traditionnelles et pratiques. Le peuple y reviendra de lui-même après avoir fait plus ou moins longtemps l'essai des importations étrangères de démocratie révolutionnaire. Par la force de ses institutions communales et fédératives, la Suisse a triomphé de la tyrannie féodale, elle vaincra par les mêmes armes le despotisme démagogique.

Aux États-Unis, la démocratie n'existe pas comme en Suisse à l'état militant. Elle y règne partout, et surtout dans les communes, sans contestation et à peu près sans partage. Elle y est encouragée par les lois, qui, sans mettre obstacle au droit de tester, favorisent l'égalité des partages et la libre circulation des biens. Elle y est soutenue par les mœurs, que n'ont gravement altérées jusqu'à ce jour ni les guerres, ni les discordes civiles, ni les embarras financiers qui désolent les États de l'Europe. La constitution fédérale est aujourd'hui ce qu'elle était au jour de son adoption. Les constitutions et les lois organiques de chaque État n'ont subi que des *amendements*.

Mais les États de l'Union diffèrent aussi les uns des autres par leur système d'administration. C'est surtout dans les États du Nord que la vie communale est active. Les villes de la Nouvelle-Angleterre et des colonies qui en sont nées jouissent d'une liberté qui s'étend jusqu'au droit de suspendre l'exécution de certaines lois générales. Tout y procède de la commune et de ses nombreux officiers élus. La commune prête ses fonctionnaires au comté et à l'État. Dans d'autres États, dans celui de New-York, par exemple, la commune a, comme le remarque M. de Tocqueville [1], moins de magistrats, de droits et de devoirs. La population n'y exerce pas une influence aussi directe sur les affaires; les assemblées communales sont moins fréquentes et s'étendent à moins d'objets. Le pouvoir du magistrat élu est donc comparativement plus grand et celui de l'électeur plus

[1] *De la Démocratie aux États-Unis*, t. I, p. 96.

petit; l'esprit communal y est moins éveillé et moins puissant.

L'administration des cités diffère partout de celle des *towns*. Toutes les cités ne sont pas administrées uniformément. Un maire et deux conseils élus forment la représentation communale, mais ces deux conseils ne sont pas composés partout de la même manière. Il est des cités dans lesquelles toute l'influence est concentrée dans les représentants; il en est d'autres dans lesquelles le peuple intervient incessamment pour contrôler ses mandataires.

Dans certains comtés, tout procède de l'assemblée générale; dans d'autres, ce sont les cours de justice, les juges de paix, les agents du gouvernement de l'État qui règlent les affaires de la commune.

Ces variétés infinies tiennent à l'esprit de liberté qui anime les institutions démocratiques. Les lois imposées par l'autorité sont uniformes; les œuvres de la liberté sont diverses parce qu'elles sont spontanées.

Le suffrage universel lui-même, cette expression radicale de la souveraineté populaire, varie dans son expression, en Suisse et aux Etats-Unis, de canton à canton, d'État à État, de ville à ville.

Le concours des citoyens à l'action électorale est limité dans tous les Etats du monde, et l'a été dans tous les siècles, sauf des exceptions extrêmement rares. Ici règne le droit de cité; là, le cens électoral; ailleurs, la faculté du recrutement donı ſe aux assemblées élues; ailleurs enfin, le partage du corps électoral en sections organisées de manière à protéger la propriété contre les usurpations de la multitude [1]. Toutes ces restrictions au suffrage universel sont des garanties sociales données à ceux qui possèdent contre ceux qui ne possèdent pas.

Même aux États-Unis, où le suffrage universel est la base de la loi électorale de tous les États, de tous les comtés, de toutes les villes, on admet des restrictions plus ou moins étendues à ce principe. Les hommes de la race noire sont exclus du droit de voter presque partout en droit, et partout en fait. Les lois du Massachussets et de plusieurs autres États de la Nouvelle-Angleterre [2] écartent de l'urne électorale, non-seulement les interdits et les pupilles (*under guardianship*), mais les indigents (*paupers*), ceux qui sont légalement assistés. Dans d'autres États, il faut être inscrit au rôle des contributions, même pour une somme déterminée, ou, faute de payer un impôt, il faut être chef de famille et maître de maison (*housekeeper*). Dans l'État de Vermont, il faut être d'une conduite tranquille (*a quiet and peacable behaviour*); dans le Connecticut, il faut avoir bonne renommée (*a good*

[1] Voyez l'appendice au *Traité de l'administration intérieure de la France*, t. II, p. 337.

[2] Town-officers, v° voters; Maine statutes, Constitution of the city of Boston, etc.

*moral character*). Dans l'un des États les plus nouveaux, celui de l'Iowa, la Constitution [1] porte que les idiots, les aliénés et *les personnes mal famées* ne pourront voter.

A part ces exceptions, la majorité des citoyens libres procédant par l'élection directe et pour un terme très court, telle est la loi universelle, souveraine, inflexible, j'allais dire tyrannique, qui pèse sur la politique et sur l'administration de l'Union.

Avant la révolution de 1846, et même après celles de 1830 et de 1831, le suffrage universel était soumis en Suisse à des restrictions de diverses natures.

L'élection indirecte était en vigueur dans les cantons de Berne, de Fribourg, de Soleure et du Valais; les membres de la législature y étaient élus en tout ou en partie par des colléges électoraux, dont les membres étaient élus eux-mêmes par les assemblées primaires [2].

Dans les cantons de Zurich, de Berne et de Soleure, on permettait aux députés nommés à l'assemblée de ceux qui avaient été élus directement ou indirectement par le peuple, de s'adjoindre un certain nombre de membres.

[1] Elle est de 1846; celle de Vermont est de 1793, celle du Connecticut de 1818.

[2] Constitution du canton de Berne, du 6 juillet 1831, art. 37 et suivants; Constitution du canton du Valais, du 3 août 1839; Constitution du canton de Soleure, du 18 janvier 1831, modifiée en 1841.

Dans les cantons de Bâle-Ville, de Neuchâtel et de Berne [1], le droit d'élire était attaché à certaines conditions d'âge, de fortune ou de position, considérées comme constituant des garanties de capacité.

Ainsi la constitution de Berne cumulait les trois correctifs du suffrage universel, l'élection indirecte, le système du recrutement et celui du cens électoral. La constitution de Fribourg composait le grand conseil exclusivement par l'élection indirecte.

Par l'effet de la pression naturelle du principe démocratique, toutes ces entraves ont successivement disparu, et le suffrage universel direct a été successivement proclamé par toutes les constitutions cantonales et par la constitution fédérale (art. 62), comme la base fondamentale du nouveau droit public de la Suisse.

Quelques vestiges des anciennes lois subsistent encore, il est vrai, dans les exclusions prononcées par la plupart des constitutions [2] contre les étrangers, les non-domiciliés, les faillis non-réhabilités, les discutés qui n'ont pas justifié de leurs pertes, les interdits, les assistés régulièrement à titre d'aumône, ceux qui sont sous le poids d'une condamnation infamante,

[1] Constitution de Bâle-Ville, art. 29 ; Déclaration royale pour le canton de Neuchâtel, du 3 septembre 1831, art. 3 ; Constitution du canton de Berne, art. 34 et 36.

[2] Constitution du canton de Berne, art. 3 et 4 ; du canton de Neuchâtel, art. 31 ; du canton de Fribourg, art. 28 ; du canton de Vaud, art. 18, etc.

ceux auxquels la fréquentation des auberges est interdite.

Mais à côté de ces restrictions, dictées par l'esprit de conservation, il en est, comme à Fribourg, par exemple, celle des ecclésiastiques, qui portent l'empreinte du fanatisme anti-religieux. Quant au canton de Genève, où l'esprit de la démocratie française s'est en quelque sorte incarné dans les hommes du gouvernement, ni les assistés ni même les faillis n'ont été exclus.[1]

En résumé, la démocratie en Suisse et aux États-Unis ne repose pas sur des théories absolues; elle est, avec plus ou moins de mesure, l'expression des rapports sociaux tels qu'ils résultent de la tradition, des mœurs et des besoins du pays. Le suffrage universel limité par des garanties sociales qui varient selon les temps et les lieux, l'autonomie modérée par une haute surveillance de l'État, dont les caractères sont très-divers, tel est son double principe. On s'est attaché à deux points qui n'ont pas pu être résolus partout d'une manière identique : trouver le maximum de la somme de liberté qu'il convient d'accorder aux communes, trouver le minimum de l'influence que l'État doit se réserver sur les affaires communales.

Je n'ai vu la Suisse qu'en courant. Je ne connais

---

[1] Constitution du canton de Genève, art. 23 : «Ne peuvent exercer des droits politiques dans le canton :

« 1º Ceux qui sont interdits ou pourvus d'un conseil judiciaire ;

« 2º Ceux qui exercent des droits politiques hors du canton ;

« 3º Ceux qui sont au service d'une puissance étrangère. »

les États-Unis que par les livres[1] et par les rapports des voyageurs. Ce n'est donc qu'avec une extrême défiance de moi-même que je vais essayer d'expliquer ces législations aussi diverses que les nombreux Etats dont se composent les deux fédérations républicaines, aussi variées dans leurs nuances que les physionomies des populations du sein desquelles elles sont écloses au soleil de la liberté. Mais il m'a paru possible de fixer quelques points culminants qui nous aideront à marquer la route si difficile de notre avenir.

[1] Les Etats de l'Union ont enrichi nos bibliothèques par l'intermédiaire de M. Vattemare, propagateur de l'idée de l'échange international des livres.

# CHAPITRE I.

## Historique du régime municipal et fédératif de la Suisse [1].

LES COMMUNES SUISSES AVANT LA RÉFORME.

Dès les temps les plus reculés apparaît dans l'antique Helvétie, d'abord le municipe romain, puis la commune germanique. Un magistrat électif (Ammann), assisté de tous les propriétaires libres, administre sous la surveillance du *comte* ou du *baillif* de l'empereur. Du régime féodal naît à son tour, au Xe siècle, la commune seigneuriale : trois ordres de fonctionnaires s'y montrent, tous ministériaux de la seigneurie : le baillif ou chef de la commune rurale (*Landvogt* ou *Reichsvogt*); le maire ou chef de la commune urbaine (*Stadtvoogt, Villicus*), qui préside à la police, à la milice, etc. ; l'avoyer (*Scultetus, Schulze*), qui, assisté d'échevins, exerce la juridiction civile.

[1] Voyez *Clavel*, Essai sur les communes et sur le gouvernement municipal dans le canton de Vaud, 2 vol. (1827).

*Bluntschli*, Staats aud Rechtsgeschiete der stadt and Landschaft Zurich, 2 th. (1839); *Matile*, Histoire des institutions judiciaires et législatives de la principauté de Neuchâtel et de Valengin, (1838); *Stettler*, Versuch einer urkundlich geschichtlichen Ent Wickelung der gemeinde und Burgerrechts verheeltaisse in kanton Bern (1840); *Cherbuliez* De la démocratie en Suisse (1843); *Bloesch*, Rapport sur les affaires communales de Berne (1851).

Mais à côté de ces fonctionnaires ministériaux se montrent les patriciens libres (*die Geschlechter*), et les bourgeois propriétaires de biens allodiaux, ou adonnés à l'exercice de professions libérales. Entre l'élément féodal et l'élément patricien ou bourgeois, la lutte s'engage, et avant la fin du XIII<sup>e</sup> siècle, la plupart des villes de la Suisse ont déjà conquis l'indépendance municipale. Zurich, Berne, Bâle, Schaffouse, Lucerne, Soleure, Fribourg, Genève, deviennent successivement, dans des circonstances et sous des formes diverses, des États souverains. Zurich, vassale à la fois de l'abbesse, de l'empereur et du chapitre de la cathédrale, brise ce triple joug et est administrée par deux conseils de bourgeois, l'un exécutif, composé de douze membres; l'autre législatif, composé de deux cents membres.

Berne, bâtie en l'année 1191, par le duc Berthold V de Zaeringen; Fribourg, bâtie onze ans auparavant par le père de ce seigneur, Berthold IV, reçoivent de leur fondateurs une charte municipale qui leur attribue l'élection du conseil et de l'avoyer, et complètent plus tard leur indépendance en se donnant un grand conseil. Cet exemple est suivi à Bâle, à Schaffouse, à Lucerne, à Genève; partout l'organisme communal s'affranchit des entraves de la puissance féodale et se manifeste sous la double forme d'un petit conseil exécutif et d'un grand conseil législatif.

Un publiciste du XV<sup>e</sup> siècle [1] fait observer avec raison

---

[1] Bonnivard, édition Dunant. Genève, 1831

que le système d'adminstration des villes suisses aux xiii<sup>e</sup> et xiv<sup>e</sup> siècles offrait la combinaison des trois éléments qui, suivant l'opinion des philosophes, doivent concourir à la formation de tous les gouvernements, *afin que chaque membre de l'association ait sa part équitable et proportionnelle d'influence et de bien-être, et que tous les excès opposés soient réciproquement rendus impossibles ou facilement prévenus.*

« Ainsi avait été constituée, dit Bonnivard, la ville de Genève.

« Car elle avait son évêque pour monarque, non point donné par le pape, mais postulé par le peuple et nommé par le clergé. Il n'était à Genève en plus grande autorité qu'à Venise le doge, car il n'était que gardien des lois faites et non faiseur d'icelles, et président pour empêcher les aristocrates de tomber en oligarchie, et les démocrates en anarchie.

« Le conseil aristocratique était de deux sortes, le spirituel et le temporel. Le spirituel était de trente-deux chanoines ; mais depuis que les papes eurent mis évêques et chanoines à leur appétit, tout fut gâté, les chanoines ne voulant être sujets à l'évêque, ni l'évêque que les chanoines se mêlassent de ses affaires.

« Les assesseurs temporels de l'évêque étaient quatre syndics avec vingt conseillers et un trésorier, qui, tous ensemble, faisaient le nombre de vingt-cinq, élus par les têtes d'hôtel [1] de la ville, tous les ans, le dimanche après

---

[1] Chefs de famille.

2.

la Purification. Ceux-ci étaient assesseurs de l'évêque pour le garder de la tyrannie, et du peuple pour l'empêcher de se déborder. Ainsi voulait la loi que quatre syndics fussent en égale autorité, et qu'élus pour un an, ils ne retournassent de trois ans à leur place.

« Le conseil démocratique était par degrés ; car afin que les pauvres gens de métiers ne fussent pas empêchés par les affaires publiques de gagner leur vie s'il leur fallait souvent s'assembler, ils avaient établi leurs procureurs. Ce nonobstant, le second (soit grand) conseil démocratique, composé des chefs d'hôtel, s'assemblait deux fois l'année, le dimanche après la Saint-Martin, pour fixer la vente du vin, et celui après la Purification, pour faire les syndics et conseils ordinaires. Là, outre la matière principale, mettait en avant qui voulait ce qui lui semblait bon pour l'état public et la réformation d'icelui. Sur quoi l'on consultait et faisait des édits que l'évêque confirmait, ce qui était pour retenir l'évêque de tyrannie et le petit conseil d'oligarchie.

« Pour montrer que les uns ne pouvaient rien sans les autres, on faisait les criées (proclamations) publiques comme suit :

« De la part de l'évêque et prince de Genève, de son vidame et des syndics et prud'hommes de la ville. »

Le gouvernement de Neuchâtel était avant la réforme comme le gouvernement de Genève, et est resté jusqu'à ces derniers temps un mélange d'aristocratie, de démocratie et de monarchie. L'un des plus puissants dynastes de l'Helvétie occidentale y avait établi son manoir. Il en affranchit les habitants au commencement du xiii⁰ siècle; dès lors, au lieu de ministériaux, le conseil de ville fut composé d'abord de douze, puis de vingt-quatre, enfin de quarante prud'hommes élus, y compris le *maire* et le *juge (centenarius)*. Les *audiences*, c'est à-dire le parlement du comte, furent remplacés par un grand conseil législatif élu par le peuple, à raison d'un député par cinq cents âmes de population; le prince retint le droit de nommer les membres du conseil d'État et des cours de judicature, le gouverneur militaire et autres agents exécutifs.

Neuchâtel offrait tous les caractères d'une république monarchique.

L'état primitif des communes suisses se maintint jusqu'à la Réforme. Les villes étaient murées et entourées de palissades; leur organisation était toute militaire. Le droit de *Burg* [1], de bourgeoisie, imposait le devoir d'être toujours prêt au combat, et quoiqu'il conférât certains priviléges, il était facilement accessible à cause des périls et des charges qui y étaient attachés. A Berne, quiconque avait habité dans l'enceinte de la ville un an et un jour, et y possédait une maison, était un bourgeois. A Fribourg, il suffisait pour cela de posséder dans la ville une propriété libre de un marc d'argent. Il en était de même à Berthoud. A Payerne, on acquérait le droit de bourgeoisie en épousant la fille d'un bourgeois. Soleure recevait au nombre de ses bourgeois tous ceux qui con-

[1] Ville fermée, citadelle.

sentaient à supporter les mêmes charges et à s'exposer aux mêmes dangers. Outre les bourgeois résidants, il y avait des *combourgeois* (Ausburger), qui, sans demeurer dans la ville, remplissaient tous les devoirs et exerçaient tous les droits du citoyen, et fournissaient un gage pour assurer l'accomplissement de leurs obligations [1]. On admettait à cette qualité même des juifs et des serfs, mais ces derniers devenaient libres par leur admission. Le droit de bourgeoisie n'était pas héréditaire, mais personnel ; il était attaché à des conditions dont l'accomplissement dépendait de la volonté de l'aspirant.

Tel fut, jusqu'au XVI<sup>e</sup> siècle, le caractère des communes bourgeoises, caractère éminemment public.

Les communes rurales, ou communes de propriétaires, avaient au contraire une origine de droit purement privé; elles étaient peuplées de tenanciers des seigneurs. Le possesseur du fief (*Schuppose*) portait le nom de paysan (*Bauer*), et la totalité des paysans s'appelait *Bauersaess* ou commune rurale. Les droits du paysan consistaient en droits d'usage sur les biens du seigneur; la gestion de ces droits composait toute l'administration des communes rurales. Celles-ci n'avaient d'autres fonctionnaires que les gardes-champêtres et les *Vier* (quatre), ainsi appelés parce qu'ils étaient quatre pour soigner l'administration. Comme on n'était membre de la commune qu'à raison de la possession du fief, on acquérait ou on perdait

---

[1] Ce gage s'appelait *Udel* et la prestation annuelle *Udelzins*.

cette qualité par l'acquisition ou par la perte des propriétés qui dépendaient de ce fief.

Ainsi le membre de la commune bourgeoise avait un droit personnel et public; le membre de la commune rurale avait un droit réel et privé.

LES COMMUNES SUISSES DEPUIS LA RÉFORME JUSQU'A LA FIN
DU XVIII<sup>e</sup> SIÈCLE.

La Réforme n'altéra point le régime des communes rurales. Originairement composées des possesseurs de *Schuppose* ou de fiefs, leur sphère d'action, d'abord limitée aux intérêts communs en matière forestière et rurale, s'étendit successivement, par suite de l'augmentation des communes, à la police locale, aux affaires militaires, à l'assistance des pauvres, aux écoles, etc. Des conseils communaux s'établirent à côté des *Vier*, devenus insuffisants pour subvenir à tous les besoins. De corporations particulières, les communes rurales devinrent des corporations politiques; mais rien ne fut changé dans leur organisation intérieure.

La Réforme introduisit au contraire des changements très-notables dans le régime des communes bourgeoises. La confiscation des biens des couvents, opérée en 1525, ayant accru tout à coup les richesses des communes, le droit de bourgeoisie y devint une source d'avantages et de jouissances, et l'accès de ce droit se hérissa de difficultés. A Soleure en 1533, à Berne en 1535, ailleurs encore, il fut nécessaire de se pourvoir, pour l'obtenir, de l'autorisation soit du petit, soit du grand conseil. Ainsi commença à poindre le système des bourgeoisies fermées avec ses exclusions et ses lois impitoyables contre les pauvres et les mendiants que la suppression des couvents avait réduits au vagabondage. Le fardeau des *Heimathloses* et des non-propriétaires devint tellement onéreux que le gouvernement de Berne autorisa ses sujets, en 1646, *à tuer de leur chef cette importune et dangereuse race de voleurs, et à s'en débarrasser à coups de bâton et de fusil :* législation bien digne de figurer à côté des lois anglaises de la même époque, qui, pour remédier à la misère publique causée par la suppression des couvents, condamnaient tout individu coupable de trois jours de vagabondage à recevoir par un fer rouge l'empreinte de la lettre V sur sa poitrine, et à devenir en outre pendant deux ans l'esclave de son dénonciateur, qui ne devait le nourrir que de pain et d'eau et pouvait en outre fixer un anneau de fer autour de son cou, de son bras et de sa jambe, et le contraindre au travail même le plus vil par toute espèce de châtiment corporel[1].

Les ordonnances sur la mendicité qui se multiplièrent dès le xviie siècle dans tous les cantons de la Suisse, devaient fatalement amener à convertir en obligation légale l'entretien des pauvres, auquel la charité catholique avait volontairement pourvu jusqu'à la Réforme. Il

---

[1] Lingard, *Règnes d'Henri VIII et d'Edouard VI.*

fut, en effet, enjoint à chaque commune de nourrir ses pauvres. Le droit du *ressortissant* devint définitif et héréditaire; et il fut enjoint plusieurs fois aux fonctionnaires de toute la Suisse de renvoyer dans leur lieu d'origine les individus malades et impropres au travail, tant nationaux qu'étrangers, *attendu que chaque commune est obligée d'entretenir elle-même ses indigents.* La taxe des pauvres, contenue en germe dans ces dispositions, passa à l'état de loi positive quand chaque commune fut obligée de dresser l'état de ses pauvres et de ses besoins, et quand il fut ajouté[1] : *Quel que soit le chiffre de ces états, il sera réparti entre les individus aisés suivant la fortune de chacun et d'après l'équité, et cette répartition sera valable pour une année.*

Le système de l'assistance des pauvres par les bourgeoisies eut une double conséquence. On créa des fonds des pauvres pour alléger le fardeau d'entretien, et on prit des mesures pour empêcher l'accroissement du nombre des bourgeois ou ayants droit à l'assistance. De là des restrictions de plus en plus rigoureuses à l'acquisition du droit de bourgeoisie; restrictions que provoquèrent aussi les nouvelles sources de revenus ouvertes aux communes, et l'importance toujours croissante des fonctions municipales. On prescrivit l'établissement de registres de bourgeois. On allongea les délais, on multiplia les formalités, les interdictions, tantôt aux artisans étrangers, tantôt aux sectateurs des religions dissidentes.

[1] Ordonnance de 1673 sur la mendicité.

La bourgeoisie devint une caste, qui se subdivisa en catégories de *natifs*, de *petits bourgeois*, de *demi-bourgeois*. Chacune de ces qualités fut soumise à des tarifs et investie de droits différents. Chaque classe de bourgeois eut ses propriétés distinctes ; il y eut des biens de bourgeoisie, des biens de corporation, des taxes de natures diverses. De toutes parts on se mura, on s'isola les uns des autres, et on compléta ces entraves par un *droit de retrait* établi contre tout non-bourgeois qui acquerrait un immeuble.

Quelles furent les conséquences de ce système des bourgeoisies closes ?

Un conseiller d'État du canton de Berne, justement renommé entre tous par ses hautes lumières et la dignité de son caractère, M. Blœsch, les apprécie en ces termes, dans un rapport récent sur l'organisation communale.

« Les suites de cette exclusion du droit de bourgeoisie furent aussi nuisibles que cela devait être. Nous faisons ici abstraction de leur influence sur le côté moral du caractère du peuple, pour ne considérer que leurs conséquences quant aux communes. D'abord le peu de communications réciproques entrava considérablement le commerce, et il en résulta une dépréciation artificielle de toutes choses et principalement des propriétés immobilières. En second lieu, les bourgeoisies allèrent peu à peu en dépérissant et en dégénérant, à tel point qu'à Berthoud, où l'on baptisait avant la Réforme cinquante à soixante-dix enfants de bourgeois chaque année, le nombre des naissances s'abaissa progressivement et était réduit à douze au commencement de ce siècle, et qu'à Berne, où on comptait, en 1650, cinq cent quarante familles bourgeoises, il n'y en avait plus, en 1789, que deux cent trente-six. »

Le régime municipal dont nous venons d'esquisser à grands traits les principaux caractères ne pouvait subsister qu'à l'aide d'une alliance fédérale contractée entre les communes affranchies du joug féodal. Uri, Schwitz et Underwald avaient, dès l'année 1303, donné l'exemple d'une confédération à laquelle adhérèrent successivement, de 1332 à 1353, Lucerne, Zurich, Glaris, Zug et Berne. La guerre d'Appenzel, au commencement du xv<sup>e</sup> siècle, et d'autres événements analogues ajoutèrent à la confédération primitive de nouveaux cantons.

Dès lors apparut au-dessus du chef électif de chaque ville le chef électif de toutes les villes confédérées (Landammann), au-dessus du conseil de chaque ville le conseil de toutes les villes (Landrath), au-dessus de l'assemblé de chaque ville l'assemblée de toutes les villes (Landsgemeinde), chargée de la décision de toutes les affaires générales et de la nomination du *Landammann*.

L'épanouissement du régime communal a donc été, en Suisse, le principe du gouvernement fédératif et démocratique. Mais ce gouvernement ne se développa point partout sous des formes identiques. Ici ce furent des démocraties représentées par des conseils, là des démocraties pures gouvernées par des *Landsgemeinde* ; ici, commo dans le Valais et dans le pays des Grisons, ce furent des confédérations de communes à peu près souveraines; là, comme dans Glaris et dans Appenzel, des membres d'un corps politique fortement centralisé. Le bras puissant de la féodalité ne se retira pas également de tous les cantons. Tandis qu'il n'en existait pas la moindre trace dans les petits cantons, dans d'autres, dans celui de Neuchâtel, par exemple, il continua à peser sur l'administration des communes. Ailleurs les droits du seigneur furent transformés en dîmes, en cens, en prestations pécuniaires; les villes suisses devenues souveraines héritèrent de la puissance féodale qu'elles avaient abolie, et exercèrent sur les pays sujets une puissance souvent tyrannique, tantôt, comme à Zurich, à Bâle et à Schaffouse, par des corporations de bourgeois enrichis, présidées par un *bourgmestre*, tantôt, comme à Lucerne, à Berne, à Soleure et à Fribourg, par des familles patriciennes ayant à leur tête l'ancien officier seigneurial, l'*avoyer* (Schultheiss).

Ainsi les communes suisses étaient partagées, à la fin du dernier siècle, en villes souveraines et en communes sujettes, en patriciens, en bourgeois, et en simples habitants. De là des inégalités choquantes et de monstrueuses iniquités. Les abus développés depuis le XVIe siècle appelaient une réforme : ce fut une révolution qui survint.

LES COMMUNES SUISSES DEPUIS 1798 JUSQU'EN 1830.

La révolution française fit éclater tout à coup en Suisse

les principes d'égalité et de souveraineté populaire, prétendit leur donner pour sanction l'unitarisme politique, et proclama, en conséquence, la république helvétique une et indivisible.

Une loi du 13 novembre 1798 créa dans chaque commune un double centre d'administration, une chambre de commune chargée de gérer et d'administrer les biens de commune existants, et une municipalité chargée de veiller aux intérêts de la localité.

Une loi du 13 février 1799 chargea les bourgeois du soin d'élire la chambre d'administration.

Une loi du 15 du même mois investit tous les citoyens actifs établis dans la commune du droit d'élire les membres de la municipalité.

Ces lois établirent le principe que toute commune possédant des biens communaux et des pauvres devait recevoir et faire participer à la propriété et à la jouissance de ces mêmes biens tout citoyen suisse qui établirait son domicile dans le ressort de la commune, et qui achèterait ce droit de propriété au moyen d'une somme d'argent fixée d'avance.

Ainsi bouleversées par le caprice d'un conquérant, les institutions indigènes de la vieille Suisse réagirent d'elles-mêmes. La puissance, la volonté de fer, le génie organisateur de Napoléon vinrent échouer contre la résistance stoïque des descendants de Guillaume Tell. « S'il est possible, s'écrièrent-ils dans une adresse au Directoire empreinte d'une fierté modeste et d'un courage paisible, que vous ayez pris la résolution de changer la forme de nos gouvernements populaires, permettez que nous vous parlions à cet égard le langage de la franchise et de la liberté. Pourrait-on trouver quelque autre forme de gouvernement qui mît le pouvoir souverain aussi exclusivement entre les mains du peuple? qui fît régner parmi toutes les classes de citoyens une plus parfaite égalité? qui fît jouir chaque membre de l'État d'une plus grande somme de liberté? Nous ne portons d'autres chaînes que les chaînes légères de la religion et de la morale, d'autre joug que celui des lois que nous nous sommes données. Ailleurs peut-être il peut rester au peuple quelque chose à désirer à cet égard; mais nous, qui avons joui jusqu'à présent des constitutions pour le maintien desquelles nous vous parlons avec toute l'énergie que nous inspire le sentiment de la justice de notre cause, nous n'avons qu'un seul vœu, qu'un vœu unanime, celui de rester soumis aux gouvernements que la prudence et le courage de nos aïeux nous ont légués. »

L'essai tenté par le Directoire ne résista pas à ce sage et patriotique langage, et la république helvétique ne tarda pas à disparaître devant le régime dit de *média-tion* qui, tout en maintenant *qu'il n'y avait plus en Suisse ni pays sujets, ni priviléges de lieux, de nais-sance, de personnes ou de familles*, laissa subsister les formes spéciales de gouvernement.

L'acte de médiation offre tous les caractères d'une transaction entre les anciennes et les nouvelles idées. Mais les constitutions cantonales qui en furent le résultat tinrent, en général, peu de compte des convenances spéciales qu'assignaient à chaque État sa position géographique, ses mœurs, ses antécédents.

Nous ne nous arrêterons pas à des critiques qui sortiraient des bornes de notre sujet[1]. Mais quant à la question municipale, nous rappellerons que l'acte de médiation rétablit, aux lieu et place des municipalités et des chambres de communes créées par la législation de 1798, les conseils de ville et les autorités de commune tels qu'ils existaient avant la Révolution.

Toutefois, le rétablissement des anciennes communes bourgeoises ne fut réalisé que de nom, et il fut impossible de remettre en vigueur certains principes qui en dépendaient, notamment ceux qui régissaient l'établissement et l'exercice des professions.

### LES COMMUNES SUISSES DE 1830 A 1851.

La révolution française de 1830 ranima en Suisse toutes les idées de 1798, et y excita, par cette manie de l'imitation familière aux peuples, une série de révolutions qui, dans l'espace d'une année, amenèrent le renversement de la plupart des constitutions de 1814.

La conséquence la plus directe du double principe de liberté et d'égalité politique proclamé dans les insurrections de Thurgovie et de Zurich, d'Argovie et de Lucerne, de Vaud, de Berne, de Genève même, fut de porter une rude atteinte au régime des bourgeoisies qui

---

[1] Voyez M. Cherbuliez, t. I, pages 51-57.

3.

parurent être en contradiction avec les principes politiques de la nouvelle constitution. Toutefois, à côté du principe de l'égalité des droits, l'article 18 de la Constitution avait déclaré toute propriété inviolable, et l'article 94 avait mis sous la protection de ce principe les biens des bourgeoisies qu'il avait soumis seulement *comme propriétés privées* à la haute surveillance du gouvernement. La conciliation de ces deux principes devenait difficile, à cause de l'affectation à des usages publics de biens que les bourgeois possédaient et administraient exclusivement. La loi communale du 20 décembre 1838, publiée dans la ville de Berne, où il y avait, sur une population de 28,000 âmes, 3,000 bourgeois seulement, et plusieurs millions de biens de bourgeoisie affectés de tout temps soit à l'assistance des bourgeois indigents, soit aux usages municipaux, chercha à résoudre la question en séparant les deux espèces d'intérêts communaux, et en donnant à chacune d'elles un organe particulier. Ailleurs, dans le canton de Vaud, par exemple, on recula devant les graves inconvénients de ce dualisme administratif, et on donna aux bourgeois, comme garantie de la conservation de leurs biens, un tiers des places dans le conseil et dans les fonctions de la commune. Ailleurs enfin les choses restèrent dans leur état primitif.

Les graves modifications faites aux constitutions cantonales amenèrent, par la force des choses, la question de savoir s'il n'était pas opportun de réviser aussi la Constitution fédérale.

Depuis longtemps, il faut l'avouer, la Confédération suisse avait besoin de grandes réformes, et la Haute Diète, en ordonnant par son arrêté du 17 juillet 1832 la révision du pacte de 1815, reconnut et proclama la véritable question nationale. Un rapport lumineux du regrettable M. Rossi posa cette question sur son véritable terrain. Condamnant avec une égale énergie les deux systèmes extrêmes, la dissolution du lien fédéral et l'unitarisme, la commission dont M. Rossi fut l'éloquent organe admit le double principe de la souveraineté cantonale et de l'alliance fédérale inaugurée, il y a six siècles, par les trois mains qui, en se levant au Grütli, avaient révélé le fait de la nationalité suisse, et fondé le gouvernement sur la double base de l'indépendance et de l'alliance fraternelle des cantons. « La souveraineté des cantons, dit-elle, est en Suisse le principe historique et fondamental, l'expression du passé et du présent ; mais ce principe, cette expression, aujourd'hui plus que jamais, sont cependant modifiés par une autre idée, par l'idée d'une patrie commune, d'un intérêt général qu'il faut consolider et protéger. C'est dans la combinaison de ces deux principes que nous avons cherché notre point de départ. »

Dirigée par ce grand principe, la commission déclara les vingt-deux cantons de la Suisse souverains, et devant, comme tels, exercer tous les droits qui n'avaient pas été expressément déposés dans les mains du pouvoir fédéral[1]. Ces vingt-deux souverains se forment en confédération

---

[1] Préambule et article 2.

suisse (art. 1<sup>er</sup>) pour l'avancement de leur prospérité à tous, pour la défense de leurs droits et de leurs libertés, pour le maintien de l'indépendance et de la neutralité de la commune patrie (art. 3). C'est dans ce but sacré qu'ils renouvellent et fortifient l'ancienne alliance, qu'ils se promettent de rechef conseils et secours, qu'ils réitèrent devant Dieu et devant les hommes le serment de leurs ancêtres : « Un pour tous, tous pour un. » Telles furent les bases fondamentales du pacte proposé par la commission. C'est d'après ces principes que furent réglés les rapports des cantons et de leurs habitants, et de chaque canton avec la Confédération. L'interdiction aux cantons de vider leurs différends par les armes, le devoir de s'assister réciproquement, le libre établissement, entouré des garanties nécessaires à son exécution, le libre commerce, l'abolition du droit d'aubaine entre les cantons, le jugement fédéral, la limitation des troupes permanentes de chaque canton, la centralisation des règlements militaires, des douanes, des monnaies, des poids et mesures, des postes, toutes ces restrictions nécessaires au droit de souveraineté cantonale furent admises, mais le principe fut respecté. Chaque canton devait rester maître de son système constitutionnel, de sa législation civile, commerciale, criminelle. Chaque canton devait être également représenté dans une assemblée unique, la Diète, composée, selon l'ancien usage, de deux députés par canton. Les bases fondamentales et constitutives de la Suisse étaient maintenues.

Le projet de révision proposé par M. Rossi échoua

comme avait échoué en France, en 1828, le projet de M. de Martignac sur l'organisation communale et départementale. Il fut battu en brèche par les deux partis extrêmes, et la Suisse dut renoncer aux réformes pacifiques pour être précipitée de nouveau dans l'arène des révolutions.

# CHAPITRE II.



------

La Constitution fédérale du 12 septembre 1848 est le produit des révolutions qui, depuis la commotion européenne de 1830, ont ébranlé successivement presque toutes les parties de la Confédération suisse.

Cette Constitution substitue à l'assemblée législative unique, à la diète fédérale établie de temps immémorial et siégeant alternativement à Berne, à Lucerne et à Zurich, deux conseils, le *conseil national*, élu directement par le peuple à raison d'un membre par chaque 20,000 âmes de population, et le *conseil des États*, composé de deux députés par chaque canton, quelles que soient son étendue et sa population. Le siége de ces deux conseils est fixé dans la ville de Berne.

La Constitution crée, en outre :

1° Un *conseil fédéral*, de sept membres, chargé de l'autorité directoriale et exécutive supérieure de la Confédération, et nommé pour trois ans par les deux conseils réunis ;

2° Une *chancellerie fédérale*, nommée pour le même temps et de la même manière ;

3° Un *tribunal fédéral*, élu aussi pour l'administration de la justice en matière fédérale.

En ce qui touche les institutions communales et cantonales la Constitution est muette.

Les constitutions cantonales contiennent toutes, au contraire, quelques principes généraux sur l'organisation communale [1].

Ces principes sont : 1° l'inviolabilité du territoire des communes autrement que par la loi ; 2° la libre élection par les assemblées communales de tous les préposés communaux et la libre administration par le conseil communal de toutes les affaires locales ; 3° la garantie distincte et également sacrée des biens des communes, des paroisses, des corporations ; 4° le droit de surveillance générale de l'État. Tous ces principes secondaires sont dominés par un principe fondamental, c'est que le droit de bourgeoisie forme la base du droit de cité ; c'est que nul ne peut être citoyen d'un canton sans être bourgeois d'une commune, et que réciproquement nul ne peut être bourgeois d'une commune sans être citoyen du canton.

[1] Constitution du canton de Berne, titre III, art. 66-70 ;—du canton de Fribourg, titre V, art 77-82 ;—du canton de Vaud, titre V, art. 66-78 ;—du canton de Genève, titre IX. art. 102-113 ;—du canton de Neuchâtel, art. 58-63, etc.

Admirable correctif du principe démocratique, à l'aide duquel la société, solidement établie sur la large base du droit de cité, résiste aux troubles que pourrait faire éclater dans son sein l'invasion des populations nomades et des principes exotiques.

Les principes généraux de l'organisation municipale suisse sont les mêmes dans tous les cantons. On remarque seulement, selon l'esprit politique qui anime chaque gouvernement, une tendance plus ou moins marquée vers le principe de l'indépendance communale ou vers celui de l'intervention administrative du conseil d'État.

Les lois spéciales de chaque canton offrent, au surplus, d'assez grandes différences de détail.

### CANTON DE BERNE.

La loi du 20 décembre 1833, qui est encore en vigueur malgré la Constitution du 13 juillet 1846, distingue et reconnaît dans leur état actuel, 1° les communes municipales ou communes d'habitants ; 2° les communes paroissiales ; 3° les communes bourgeoises.

Cette distinction, qui se retrouve dans les constitutions de plusieurs autres cantons de la Suisse[1], a un double objet : elle tend 1° à concilier les priviléges des bourgeoisies avec le principe constitutionnel de l'égalité des

[1] Lucerne, Saint-Gall, Zurich, Glaris, Thurgovie, Appenzel, etc. Cherbuliez, t. I, page 331).

droits; 2° à garantir le droit de propriété privée des bourgeoisies et des paroisses contre les usurpations. Mais elle offre dans la pratique de graves inconvénients par la triple administration qu'elle introduit dans les communes. Il en résulte des complications dispendieuses, des conflits entre les diverses corporations et leurs organes, surtout des embarras à raison de l'indivision des ressources affectées à chacune des trois espèces de communes.

« Un fait qu'on ne peut contester, dit M. Bloesch, dans son rapport sur la réorganisation communale, c'est que, dans la plupart des localités, dans les villes surtout, les biens communaux, autrement dit bourgeois, ont une double destination : d'une part, ils étaient affectés à des jouissances purement bourgeoises qu'on ne saurait qualifier d'abusives, pas plus dans les villes que dans les campagnes; de l'autre, ils servaient à subvenir aux dépenses de la localité : en présence de cet état de choses, on aurait dû, pour être conséquent, procéder à une séparation de biens, du moment que l'on créait des autorités distinctes pour gérer les intérêts publics et les intérêts privés des communes. Non-seulement il est résulté d'interminables conflits de la circonstance que deux administrations différentes, d'un caractère tout à fait distinct, ont dû puiser à la même source pour satisfaire à des intérêts différents, souvent même diamétralement opposés; mais cette situation a encore eu pour conséquence que, dans la plupart des communes, les biens communaux n'ont pas tardé à devenir insuffisants pour faire face aux exigences des deux corporations, de telle sorte qu'au bout de peu d'années plusieurs communes qui, avant 1833, n'avaient jamais eu à payer d'impositions communales, ont dû s'imposer des taxes exorbitantes. »

Frappée de ces inconvénients et de bien d'autres encore, la commission dont M. Bloesch a été l'organe proposé de maintenir les droits de bourgeoisie locale comme base du droit de cité cantonal, du droit de suffrage, des droits de propriété et de jouissance des biens communaux, des registres de l'état civil [1]; elle propose, en conséquence, de conserver la commune bourgeoise, institution consacrée en Suisse par les souvenirs historiques et par les traditions populaires, mais elle cherche à la purger des vices substantiels qui ont amené sa décadence en privant la majorité des citoyens de la participation à l'administration locale, et par là de tous les bienfaits de la vie communale. La *commune des habitants* lui paraît être mieux en harmonie avec l'esprit des institutions politiques et en concordance plus étroite avec les besoins de l'État, quoiqu'elle répugne encore à une grande partie du peuple habitué aux institutions bourgeoises, et qu'elle tende à devenir, au préjudice des bourgeoisies, l'autorité exclusive de la commune. La commission propose donc un système mixte en vertu duquel l'autorité communale pourrait être concentrée dans un seul conseil, composé

---

[1] La régularité des registres de l'état civil est assurée par le concours des deux conditions d'origine et de domicile. La seconde condition, qui existe seule en France, est insuffisante.

de deux éléments qui concourraient à l'administration les *bourgeois* et les *habitants*.

Ce système facultatif de communes mixtes existe déjà dans quelques districts du canton de Berne, dans celui de Buren, par exemple.

Aux termes de l'article 1er du règlement de ce district, en date du 24 septembre 1849, la commune de Buren soigne les affaires des *bourgeois* et des *habitants* de la localité, et *surveille l'administration du fonds général de la bourgeoisie, ainsi que le fonds spécial de la commune qui pourrait exister.*

Conséquemment à cette disposition, il n'existe à Buren qu'un seul conseil municipal, lequel administre les biens des bourgeois et les biens particuliers à la commune des habitants, et soigne les affaires de tutelle et des pauvres, les homologations, la police locale, etc.

Le conseil ne se compose que d'un président et de six membres que la commune des bourgeois et des habitants élit parmi les citoyens actifs de l'endroit, tout à fait librement, c'est-à-dire sans égard à leur qualité de bourgeois ou d'habitants. Cependant l'article 25 dispose que les affaires bourgeoises ne sont soignées que par la commune bourgeoise, et l'article 19 porte en outre : « La commune bourgeoise seule prononce sur l'admission de nouveaux bourgeois, fixe les conditions de cette admission, ainsi que la finance de réception et délivre les lettres de bourgeoisie. » C'est ce système [1] dont les bons effets

---

[1] Rapports des préfets de Buren, de Laufon, d'Arberg, etc.

ont été partout remarqués , que la commission propose d'étendre à tout le canton par un projet de loi dont les bases fondamentales sont les suivantes :

« 1. Les droits de bourgeoisie sont maintenus comme base du droit de cité cantonal et des registres de l'état civil.

« 2. Dans les endroits où la commune des habitants a été jusqu'à ce jour la seule autorité administrative, elle est maintenue comme telle, et l'on se borne à apporter à son organisation les améliorations conseillées par l'expérience.

« 3. Dans les localités où il existe une commune bourgeoise à côté de la commune des habitants, ces deux communes sont autorisées à remplacer cette double administration par l'établissement d'une commune mixte dans le genre de celle qui existe à Buren.

« 4. Là où cette modification ne pourra s'opérer à l'amiable, la commune des habitants sera maintenue, et l'on séparera les affaires publiques d'avec les affaires bourgeoises ; de telle sorte, qu'en règle générale, l'administration des premières demeure exclusivement confiée à la commune des habitants, en sa qualité de corporation publique, et que l'administration des affaires particulières à la bourgeoisie soit réservée à la commune bourgeoise.

« 5. Dans toutes les communes de cette catégorie, il sera procédé à un partage, afin de constater quels sont les biens qui appartiennent à la localité, et quels sont ceux qui sont exclusivement bourgeois : l'administration des premiers sera confiée à la commune des habitants.

« 6. Dans toutes les localités où il n'existe que des communes d'habitants ou dans lesquelles il sera établi des communes mixtes, on devra, si cela n'a déjà eu lieu, procéder à un partage, de manière qu'il soit constaté à l'égard de chaque partie de la fortune communale, si elle a une destination locale ou purement bourgeoise.

« 7. Relativement aux intérêts publics de la localité, le principe de l'égalité des droits est admis pour tous les citoyens établis dans la commune.

« 8. En ce qui touche au contraire les intérêts particuliers à la bourgeoisie, les bourgeois sont exclusivement compétents.

« 9. Tous les biens bourgeois conservent, même après le partage, le caractère de biens de corporation et demeurent comme tels indivisibles et placés sous la haute surveillance de l'État.

« 10. En général tous les biens communaux conservent leur destination actuelle, et ne peuvent, quelle que soit l'organisation des autorités communales, être exploités ou administrés que conformément à leur destination.

« 11. Les communes ont, dans les limites de la loi, pleine liberté de s'organiser comme bon leur semble. L'intervention de l'État est limitée aux exigences du bien public et des droits acquis.

« 12. Là où des circonstances particulières l'exigent, il peut être dérogé à la règle relative à l'organisation des autorités, autant que le permettent les conditions ci-dessus. »

4.

Le projet de loi, basé sur ces principes fondamentaux, consacre deux articles au droit de bourgeoisie qu'il déclare incompatible avec le droit de cité acquis dans un pays étranger, par exemple dans l'un des Etats de l'Union américaine où un séjour de cinq ans suffit pour le conférer.

Vient ensuite l'organisation de la police locale, des affaires de tutelle, du paupérisme, des affaires scolaires, de l'administration des biens communaux.

La police locale est abandonnée aux lois spéciales, et le projet de loi ne parle, comme la loi de 1833, que des soins à donner aux victimes d'accidents, aux malades étrangers et aux *heimathloses*, ainsi que de l'inhumation des individus dénués de toute fortune.

Les articles relatifs aux affaires de tutelle introduisent dans la législation de graves innovations. Ces affaires cessent d'être ce qu'elles étaient auparavant, des affaires bourgeoises, et rentrent dans les attributions de la commune politique.

Les dispositions relatives au paupérisme subissent des modifications plus profondes encore; par suite de l'abrogation de l'assistance légale par l'article 85 de la constitution de 1846, désormais la charité doit être purement volontaire et par conséquent locale.

La loi du 23 août 1847 sur le paupérisme a confié, en conséquence, à des associations de charité volontaire les plus importantes fonctions de cette branche d'administration. Le projet de loi communale se conforme à cette prescription et achève d'écarter toute idée de droit à l'assistance, en remplaçant les autorités qui avaient servi jusqu'à présent d'organes à l'assistance obligatoire par d'autres qui, par le mode même de leur constitution, excluent toute idée d'obligation légale. L'autorité communale n'interviendra, à l'avenir, que pour suppléer les associations volontaires de charité, paroissiales ou autres.

Ce pas hors des voies du socialisme doit être remarqué dans un État protestant où la taxe des pauvres avait pris racine depuis plusieurs siècles. La nécessité en faisait une loi. Il fallait, comme on l'a fait, *garantir les biens des pauvres et en affecter les produits d'une manière conforme aux titres de fondation, sous la surveillance particulière de l'État;* mais il fallait libérer les communes du fardeau toujours croissant d'un impôt qui ne soulage quelques infortunes particulières qu'en aggravant la misère générale.

Quant aux affaires scolaires, ni la loi de 1833 ni le projet de loi de 1851 n'entrent dans aucun détail. On y trouve consacré seulement ce principe fondamental, que l'administration de toutes les écoles primaires publiques est du ressort de la commune. C'est la législation de l'Allemagne et de la plupart des autres États de l'Europe, comme nous l'avons établi ailleurs [1].

En ce qui touche les biens communaux, la loi de 1833 et le nouveau projet de loi s'accordent à faire administrer par la commune tous les fonds publics ayant une des-

[1] *De l'Administration intérieure de la France.*

tination municipale, et même ceux ayant une destination non municipale, par exemple les biens de bourgeoisies, dans les localités où elle en a été chargée jusqu'à ce jour, En outre, dit l'art. 17, la commune soigne toutes les autres branches d'intérêt général que des lois ou des ordonnances spéciales confèrent à l'administration locale, telles que les mesures à prendre pour les charges militaires, les logements de troupes, les charrois, les fournitures de toutes espèces, enfin les homogolations.

L'administration de chaque commune est répartie entre deux autorités : l'assemblée communale, le conseil communal.

Le droit de voter dans l'assemblée communale n'est pas indistinctement accordé à tous les habitants. Il appartient à tous les *citoyens* bernois qui sont majeurs, qui ont l'exercice de leurs droits civils, qui jouissent des droits civiques, qui payent une contribution directe publique ou communale, qui sont bourgeois de la localité ou qui, ne payant pas de contribution communale, sont établis depuis deux ans dans la commune. Sont exclus du droit de voter dans la commune ceuxauxquels la fréquentation des auberges est interdite, et tous les assistés d'après les dispositions plus précises de la loi [1].

L'assemblée communale élit tous les préposés communaux et fixe les traitements; elle accepte ou modifie les règlements communaux; elle fonde des églises, des établissements de charité, des hôpitaux, des écoles et des

[1] Loi de 1833, art. 4 et 5;—projet de loi de 1851, art. 20 à 21.

maisons de travail ; elle impose les contributions communales ; elle a dans ses attributions les constructions
dont les frais excèdent la somme à fixer par le règlement
communal ; la vente et l'acquisition des propriétés fon-
cières dont le prix d'estimation excède la somme à fixer
par le règlement ; les cautionnements et les emprunts à
contracter au nom de la commune ; la décision relative à
la poursuite d'un procès, à une transaction, à un com-
promis sur un objet qui excède la compétence fixée par
le règlement communal ; la fixation du budget annuel ;
l'approbation de tous les comptes de la commune. Le
conseil exécutif n'intervient qu'en matière de ventes,
d'acquisitions, de cautionnements, d'emprunts, de nouveaux règlements communaux. Hors de ces cas exceptionnels, l'assemblée communale a la plénitude de la puissance législative. Elle doit se réunir aux époques fixées
par les règlements, et peut se réunir extraordinairement
quand les affaires l'exigent [1].

Le conseil communal est le pouvoir exécutif de la commune. Il est de cinq membres au moins et de vingt-cinq
au plus [2]. Le président et les membres de ce conseil sont
élus par l'assemblée communale. Il est chargé de l'administration de toutes les affaires communales et de l'élection
de tous les fonctionnaires et employés de la commune, à
moins qu'elles ne soient réservées à l'assemblée commu-

---

[1] Loi de 1833, articles 22 et 23 ;—projet de loi, articles 26
et 27.
[2] Loi du 20 décembre 1833 ; art. 24.

nale. Il administre en particulier toutes les branches de ?
police locale.

Toutes les fonctions communales sont obligatoires, à
moins qu'on ne soit dans des cas d'excuse [1] qui sont appré-
ciés par l'assemblée communale, sauf le recours au préfet
et au conseil exécutif.

Les membres des assemblées communales sont assermentés et doivent se retirer quand ils ont quelque intérêt
dans les objets mis en délibération.

La jouissance des biens communaux et des biens de
bourgeoisie est réglée suivant la destination de ces diverses
natures de biens, d'après les titres et contrats, et ensuite,
d'après l'usage; elle appartient aux corporations intéressées sous la surveillance du gouvernement [2].

La commune paroissiale et la commune bourgeoise
complètent l'ensemble des institutions municipales du
canton de Berne.

— La première se compose de tous les membres de l'Église
évangélique réformée. Le conseil de paroisse est chargé
des affaires ecclésiastiques, des registres de l'état civil et
de la police des mœurs [3].

La seconde se compose de tous les bourgeois majeurs
jouissant de leurs droits civils et politiques, qui ne sont
pas assistés et auxquels la fréquentation des auberges

[1] Loi de 1833, art. 6, 7, 8, 9;—projet de 1851, art. 33, 34,
35, 36.
[2] Loi de 1833, art. 54-63;—projet de 1851, art. 46-60.
[3] Loi de 1833, titre III;—projet de 1851, titre II.

n'est pas interdite. Elle est chargée d'administrer les
biens et les intérêts des bourgeois ; la loi de 1833 l'avait
rendue tout à fait distincte de la commune des habitants;
le projet de 1851 lui permet de se réunir à la commune
municipale pour former une commune mixte, et fixe les
règles et les formes de cette réunion [1].

Telle est, dans son ensemble, la loi municipale bernoise.
Animée d'un esprit conservateur et libéral, elle concilie
dans une juste mesure la tradition et le progrès, l'égalité
politique et le droit de propriété, et peut servir de modèle
aux lois des autres cantons de la Suisse et même des autres
États de l'Europe.

### CANTON DE VAUD.

La Constitution cantonale vaudoise du 10 août 1845 a
laissé subsister, sauf des modifications de détail introduites
soit par elle-même, soit par des lois spéciales, la loi du 26
janvier 1832 sur les fonctions et la compétence des autorités communales et municipales, et celle du 9 janvier
1832 sur les préfets qui sont, dans leurs arrondissements
respectifs, les agents du conseil d'État et les surveillants
des autorités communales. La loi du 18 décembre 1845
sur l'organisation des autorités communales et celle du 19
décembre sur les assemblées électorales de cercle et de
commune complètent l'ensemble des institutions municipales du canton de Vaud.

---

[1] Loi de 1833, titre IV;—projet de 1851, titre III.

Ici, comme dans le canton de Berne, et malgré l'influence des principes démocratiques, le principe salutaire des bourgeoisies est en grand honneur. Chaque commune du canton de Vaud a une municipalité composée d'un syndic et, suivant la population, de deux à seize membres; elle constitue l'autorité administrative proprement dite. En outre, dans les communes dont la population n'excède pas 600 âmes, il existe un conseil général de la commune, dans lequel ont droit de siéger et de voter tous les citoyens vaudois bourgeois d'une commune ou d'une corporation du canton, établis depuis un an, âgés de vingt-cinq ans et jouissant de leurs droits civils; et dans les communes qui comptent plus de 600 âmes de population, un conseil communal composé de vingt-cinq membres au moins et de cent membres au plus. Le conseil général de la commune ou le conseil communal nomme la municipalité; et le conseil communal de son côté, dans les communes qui en ont un, est nommé par l'assemblée électorale de la commune. Sont éligibles au conseil communal tous les Vaudois âgés de vingt-cinq ans révolus et qui ont le droit de voter dans l'assemblée électorale de la commune. Il n'existe pas d'autres autorités communales dans le canton de Vaud, et quoique ce canton ne manque pas de biens communaux, on n'y connaît pas d'autorité spéciale pour les *bourgeois* ou pour les *habitants*. En revanche, il y a une disposition qui exige que les deux tiers au moins des membres du conseil général de la commune et les trois quarts au moins des membres du conseil communal et de la municipalité soient bourgeois de la commune. Avec des précautions de ce genre, le suffrage universel cesse d'avoir des dangers [1].

CANTON DE NEUCHATEL.

La loi sur les communes et bourgeoisies du canton de Neuchâtel, en date du 30 mars 1849, repose sur des principes analogues à ceux des lois des cantons de Vaud et de Berne.

Les communes et bourgeoisies administrent leurs biens sous la haute surveillance de l'État. (Art. 59 et 61 de la Constitution, art. 1er de la loi).

L'administration des affaires de la commune ou bourgeoisie est répartie entre deux conseils, savoir :

1° L'assemblée générale de la bourgeoisie ou de la commune;

2° Le conseil administratif. (Art. 2.)

L'assemblée générale se compose de tous les citoyens âgés de vingt ans jouissant de leurs droits électoraux, dès qu'ils sont *reconnus par l'assemblée et portés sur le rôle des communiers ou bourgeois*. (Art. 1er.) C'est l'assemblée législative qui est chargée, entre autres attributions, de procéder à la réception et à la reconnaissance des membres de la corporation. (Art. 11 et suivants.)

Le conseil administratif, élu au scrutin secret par l'assemblée générale des communiers ou bourgeois, est le

[1] Dans les cantons d'Argovie, du Valais et de Thurgovie, les bourgeois sont aussi de droit en majorité dans les conseils communaux. (Cherbuliez, t. 1, p. 210.)

5

pouvoir exécutif de la commune. (Art. 18 et suivants.) Les caisses des communes, celles des paroisses et celles des bourgeoisies, sont administrées séparément. (Art. 25 et suivants.)

### CANTON DE FRIBOURG.

Une loi du 5 juillet 1848 règle dans le canton de Fribourg les communes et les paroisses. Les principes d'*autonomie* y sont les mêmes que dans tous les autres cantons de la Suisse; mais cette loi diffère sur un point très-important des lois bernoise, vaudoise et neuchâtelloise. Les communes, porte l'art. 196, ne peuvent refuser l'acquisition du droit de bourgeoisie aux Fribourgeois, pourvu qu'ils présentent par leur moralité et leurs moyens d'existence des garanties suffisantes. Elles ne peuvent même, ajoute l'art. 197, refuser cette acquisition aux citoyens suisses qui présenteront, quant à leur moralité et à leurs moyens d'existence, les garanties prescrites par la loi. (Constitution, art. 81.) Ces garanties sont celles qui sont déterminées par la loi concernant la naturalisation. (Art. 198.) Le prix de réception est fixé par le conseil d'État et ne peut dépasser 1,200 fr. (Art. 199.)

La réception *obligatoire* des bourgeois est une innovation importante. Zurich et Soleure l'ont admise; Berne, Vaud et Neuchâtel la rejettent comme attentatoire au droit de toute corporation de choisir elle-même ses membres, et au droit de propriété des biens de bourgeoisie. C'est la lutte entre l'esprit des institutions

anciennes et celui des innovations modernes. La loi
fribourgeoise décide, en conséquence, que tout Fribourgeois domicilié dans la commune, bourgeois ou non,
peut voter dans l'assemblée communale (art. 3); mais
pour faire partie du conseil communal, *il faut être
citoyen actif et bourgeois de la localité.* (Art. 58.) De
la sorte, l'administration se trouve simplifiée ; mais elle
l'est au prix d'un principe fondamental.

### CANTON DE GENÈVE.

Les principes de la nouvelle Constitution du canton
de Genève ont été appliqués à l'élection des conseils municipaux, des maires et des adjoints, par la loi
du 30 octobre 1847, et aux attributions de ces fonctionnaires par la loi du 5 février 1849.

L'esprit de la démocratie française inspire évidemment
ces deux lois beaucoup plus que celui de la nationalité
suisse. Sont électeurs communaux tous les citoyens gene-
vois, *même les faillis et les assistés*, qui jouissent de
leurs droits politiques, s'ils sont nés et domiciliés dans
la commune, s'ils y sont propriétaires ou domiciliés depuis plus d'un an. (Constit., art. 105. — Loi du 18 octobre 1847, art. 1er.) Tout électeur est éligible (art. 4);
les membres des conseils municipaux, les maires et les
adjoints sont choisis par les électeurs de la commune.
(Constit., art. 104 et 107. — Loi, art. 9 et 10.) Égalité
absolue, liberté illimitée, voilà tout le symbole politique
et administratif de la Genève moderne, telle que l'ont
faite les imitateurs de la Révolution française.

# CHAPITRE III.



Le *Cercle* n'est pas, en Suisse comme en Allemagne, un centre d'administration intermédiaire entre la commune et l'État : c'est une circonscription électorale.

Dans plusieurs cantons, dans celui de Vaud, par exemple[1], les citoyens actifs, inscrits dans les registres civiques de la commune de leur domicile se réunissent chaque année au chef-lieu du Cercle, le premier dimanche du mois de mars, et nomment les députés au Grand-Conseil; la convocation est faite par les préfets.

Les préfets[2] sont les agents du conseil d'État auprès des communes.

[1] Loi du 19 décembre 1845.
[2] Loi vaudoise du 9 janvier 1832 ; — loi valaisane du 24 mai 1850.

Il y a dans chaque district un préfet et un préfet-substitut nommés et assermentés par le conseil d'État.

Le préfet est le premier magistrat du district et le représentant du pouvoir exécutif et administratif dont il reçoit les ordres.

Les attributions des préfets sont :

1° La promulgation et l'exécution des lois, décrets et arrêtés ;

2° La surveillance de l'administration des communes, des corporations et des établissements d'utilité publique ;

3° La surveillance des employés de l'État et de la gendarmerie ;

4° La légalisation d'actes publics ou privés ;

5° La délivrance des permis de séjour et des passeports, et l'administration du serment dans les cas prévus par la loi ;

6° La nomination d'experts et la connaissance et décision sur les amendes, actes, contraventions et délits que la loi leur attribue expressément ;

7° La surveillance des prisons du district ;

8° La surveillance des précautions à prendre contre les dangers du tir ;

9° Les rapports de voisinage et de police avec les États frontières ;

10° La surveillance des mesures de sûreté et de répation contre les inondations, éboulements, incendies et autres accidents des calamités publiques, et l'initiative des mesures en cas d'épizootie.

5.

Aucune réunion armée ne peut avoir lieu sans l'autorisation du conseil d'Etat, et sans que le préfet en ait été prévenu.

Sont exceptés les réunions militaires prévues par des dispositions antérieures et les exercices ordinaires des sociétés de tir.

Le préfet rend compte de sa gestion au département de l'intérieur :

1° Par un rapport mensuel sur l'exécution des lois, l'administration des communes, le service des employés et sur les faits intéressant la chose publique;

2° Par un rapport annuel sur l'état politique et moral du district ainsi que sur sa position économique, agricole et industrielle;

Sur la régularité des comptes et des registres divers des administrations communales, des corporations ou autres établissements d'utilité publique et sur les améliorations à y introduire;

Sur la surveillance exercée envers les autorités, fonctionnaires, employés et la gendarmerie.

Ce rapport doit être transmis au conseil d'Etat le 1ᵉʳ avril de chaque année.

Le Préfet adresse, en outre, des rapports spéciaux au conseil d'Etat sur les faits dont la connaissance lui est attribuée, aussi souvent que l'exige le bien du service.

Les traitements des préfets sont extrêmement modestes : la loi vaudoise des 1832 en fixe le chiffre à 400 francs au moins et à 1,000 francs au plus. L'huissier qui leur est attaché reçoit un salaire de 100 à 300 francs au plus.

L'institution des préfets a produit en Suisse le plus grand bien : elle tend à se généraliser même dans les cantons où l'indépendance des communes était poussée à l'extrême. C'est un correctif aux abus d'une décentralisation excessive.

# CHAPITRE IV.

## Historique du régime municipal et fédératif des États-Unis.

Les lois municipales des États-Unis d'Amérique ont une quadruple origine : 1° Les institutions indigènes, 2° Les coutumes anglo-normandes, 3° Les chartes données aux colonies par les rois d'Angleterre, 4° Les principes républicains adoptés depuis la déclaration d'indépendance.

### INSTITUTIONS INDIGÈNES.

On ne peut douter que le système fédératif n'ait été le mode de gouvernement établi chez la plupart des nations de l'Amérique septentrionale comme il l'avait été chez les plus anciens habitants ou sauvages de la Grèce, les Pélages, les Lélèges, les Cariens, les Canones, les Péoniens, les Tresprotes, les Chaoniens, les Hellènes eux mêmes. Ce mode de gouvernement subsiste encore dans quelques districts de l'Amérique du nord, et voici en quels termes M. Jefferson le dépeint dans ses observations sur la Virginie.

« Tous les peuples du nord de l'Amérique sont

chasseurs, et leur subsistance n'est fondée que sur la chasse, la pêche, les productions spontanées de la terre, et le maïs que sèment et recueillent les femmes, et la culture de quelques espèces de patates, de potirons et de concombres; mais ils n'ont ni agriculture régulière, ni troupeaux domestiques d'aucune espèce : ils ne peuvent donc avoir que le degré de sociabilité et d'organisation de gouvernement compatible avec cet état de société, mais ils l'ont en effet ; leur gouvernement est une sorte de confédération patriarcale. Chaque village ou famille a un chef distingué par un titre particulier et qu'on appelle communément *Sachem* ; les divers villages ou familles qui composent une tribu ont chacun leur chef, et les diverses tribus forment une nation qui a elle-même un chef. Ces chefs sont généralement des hommes avancés en âge et distingués par leur prudence et leur talent dans les conseils. Les affaires qui ne regardent pas le village ou la famille sont réglées par le chef et les principaux du village et de la famille. Celles qui intéressent une tribu, comme la distribution des emplois guerriers et les querelles entre les différents villages et familles, sont décidées par des assemblées ou conseils formés des chefs des différents villages ou bourgs. Enfin, celles qui concernent toute la nation, comme la guerre, la paix, les alliances avec les nations voisines, sont déterminées par un conseil national, composé des chefs des tribus, accompagnés des principaux guerriers et d'un certain nombre de chefs de bourgs, qui sont comme leurs conseillers. Il y a dans chaque bourg ou village une maison de conseil, où le chef et les principaux s'assemblent quand l'occasion le demande. Chaque tribu a de même un lieu où les chefs des bourgades s'assemblent pour consulter sur les affaires de la tribu. Et enfin dans chaque nation, il y a un lieu de rendez-vous général et de conseil de la nation, où se rendent les chefs des différentes nations, avec les principaux guerriers, pour traiter les affaires générales de toute la nation.

« Lorsqu'une matière est proposée au conseil national, le chef de chaque tribu consulte à part avec les conseillers qu'il a amenés, après quoi il énonce au conseil l'opinion de sa tribu ; et comme toute l'influence que les tribus ont les unes sur les autres se réduit à la persuasion, elles cherchent toutes par de mutuelles concessions à obtenir l'unanimité : telle est la forme de gouvernement qui subsiste encore à présent parmi les nations aborigènes voisines des États-Unis [1]. »

### COUTUMES ANGLO-NORMANDES.

Les institutions indigènes de l'Amérique septentrionale dépeintes par Jefferson ressemblent trait pour trait à celles dont on trouve l'esquisse dans les coutumes anglo-normandes [2]. Le titre suffit pour en indiquer l'esprit : *Statuta Gildæ per dispositionem burgensium constituta; ut multa corpora uno loco congregata, unio consequatur; et unica voluntas, et in relatione unius ad alterum firma et sincera dilectio.*

[1] *Observations sur la Virginie,* p. 156, 157, 158. — Voyez aussi Charlevoix, *Voyage dans l'Amérique septentrionale,* t. V p. 393.
[2] T. II p. 167.

Sir James Mackintosh, en décrivant le gouvernement de la Bretagne, pendant que ce pays était soumis aux Romains, nous dit, que 33 cités furent établies dans cette île de Winchester à Juverness, avec diverses constitutions. Les magistrats de ces cités étaient investis de la police locale et d'une certaine partie du pouvoir judiciaire. Les habitants jouissaient, il est vrai, des priviléges des citoyens romains, mais ils ne pouvaient les exercer que dans l'enceinte des murs de Rome qui, selon l'expression d'un élégant écrivain, était la seule dignité qui semblât demeurer à la fin pour distinguer la ville conquérante du monde réduit à l'esclavage. Ces administrations locales formèrent la seule ombre de gouvernement pendant le demi-siècle qui suivit l'abdication par les Romains du gouvernement de ce pays.

Plusieurs siècles après, sous le règne de Henri Ier d'Angleterre, contemporain de Louis-le-Gros, les habitants de Londres commencèrent à affermer *leurs droits et octrois ;* et la charte royale qui autorisa cette perception fut un premier pas vers la formation des corporations municipales appelées bourgs (*boroughs*).

Le savant historien des bourgs et corporations municipales du Royaume-Uni a déduit dans un ouvrage récent[1] de tous les documents législatifs afférents à cette matière ;

[1] *The History of the Boroughs and Municipal Corporations of the United Kingdom,* by Henry Alworth Merewether. — London, 1835. Voyez aussi *Kent's Commentaries,* vol. II, p. 267, et *the Treatise upon laws of the Corporations,* by Joseph Augell. — Boston 1846.

1° Que les bourgs de l'Angleterre, tels qu'ils existaient dans les premiers siècles de son histoire, étaient administrés sous la surveillance du gouvernement par les habitants domiciliés, accomplissant leurs devoirs et jouissant de leurs priviléges comme propriétaires libres, payant l'impôt, contribuant aux charges publiques, présentés, assermentés, enrôlés dans les registres civiques; qu'ils n'eurent pas d'autres caractère jusqu'au règne de Henri VI;

2° Que lorsque la première charte d'incorporation municipale eut été rendue, les bourgs furent érigés en personnes civiles, investis du droit d'acheter, de vendre, d'hériter, de poursuivre et d'être poursuivis en justice en nom collectif;

3° Que depuis cette époque des abus s'introduisirent en divers sens dans l'administration des bourgs et dans celle des cités qui étaient originairement soumises au même régime que les bourgs; que d'un côté les bourgeois s'arrogèrent le droit *souverain* de choisir (*selecting*) les membres de la corporation; que d'un autre côté, les rois, et notamment Charles II par le statut de la 13ᵉ année de son règne, introduisirent, en violation des droits du parlement et des statuts du royaume, de nouveaux membres dans les corporations municipales, et s'emparèrent de l'administration communale par des officiers nommés par des commissions royales;

4° Qu'il est résulté de là dans l'administration de l'Angleterre un système plein d'anomalies, compliqué, inintelligible, et que le seul moyen de ramener les institutions municipales du royaume uni à une forme raisonnable et pratique, c'est de rétablir les anciens principes.

Toutefois et malgré ces anomalies, les grandes villes de l'Angleterre n'ont jamais cessé de jouir du droit de s'administrer elles-mêmes, et elles ont été confirmées dans l'exercice de ce droit par la loi de 1835.

### CHARTES ANGLO-AMÉRICAINES.

Les franchises municipales de l'Angleterre ne passèrent pas tout d'abord aux colonies du Nouveau Monde. En partageant en deux colonies la côte du nord de l'Amérique récemment découverte, Jacques I<sup>er</sup> ne reconnut pas dans les compagnies concessionnaires le droit accordé ordinairement aux corporations de choisir leurs officiers [1], et de faire des statuts particuliers pour la conduite de leurs opérations. Le gouvernement des colonies à établir fut attribué par les chartes de 1606 et de 1621 à un conseil résidant en Angleterre, dont les membres étaient nommés par le roi selon les formes que Sa Majesté établirait par des ordonnances signées d'elle. Une juridiction subordonnée fut confiée à un conseil résidant en Amérique, pareillement nommé pas le roi, et devant se conduire d'après les instructions qu'il en recevrait. Cette législation qui dépouillait tout Anglais allant s'établir en Amérique des droits d'un homme libre put être acceptée à une époque où les Anglais eux-mêmes, accoutumés à respecter la prérogative et l'autorité en beaucoup d'actes arbitraires de leurs monarques, n'étaient pas encore animés de cet amour de leurs droits politiques

[1] Robertson, *Histoire de l'Amérique*, t. III, l. IX.

qui leur est devenu familier à mesure que leur constitution s'est mûrie et perfectionnée; mais elle dut être modifiée par une nouvelle charte qui accorda aux entrepreneurs des priviléges plus amples, étendit les limites de la colonie, rendit les pouvoirs de la compagnie comme corporation plus explicites et plus complets, abolit la juridiction du conseil résidant en Virginie, et investit du gouvernement un conseil résidant à Londres, dont les propriétaires associés nommeraient les membres à la majorité des suffrages. Ces franchises administratives, combinées avec la loi martiale qui fut adoptée en Virginie d'après l'avis de Bacon [1], firent fleurir à la fois dans la colonie l'ordre et la liberté. Sous cette double influence la culture du sol fit des progrès, les traités avec les sauvages se multiplièrent, la propriété individuelle des terres jusqu'alors jouies en commun fut reconnue, la famille se constitua par les mariages des colons avec des jeunes filles amenées d'Angleterre, l'industrie et le commerce se développèrent rapidement, et le gouvernement acheva de se régulariser par le triple établissement d'un gouverneur tenant la place du roi, d'un conseil d'état nommé par la compagnie dont les membres jouiraient de quelques-unes des fonctions attribuées aux pairs, et enfin d'un conseil général, ou assemblée composée de représentants du peuple revêtus de pouvoirs, droits et priviléges semblables à ceux des communes; toutes les questions durent au surplus être décidées dans les deux

[1] Bacon, *Essai on Plantations*, p. 3.

conseils, sauf le *veto* du gouverneur, et sauf la ratification
à obtenir en Angleterre du conseil général de la compagnie. C'est ainsi qu'au travers de fréquentes oscillations,
produites par le contre-coup des révolutoins de la métropole, les Virginiens, restés fidèles, même sous le protectorat de Cromwell [1], aux rois d'Angleterre et à leurs
propres institutions nationales, se maintinrent jusqu'à la
guerre de l'Indépendance avec une constitution à peu
près semblable à celle de l'Angleterre, et remarquable
par l'indépendance *de leur assemblée générale.*

Les lois de la Nouvelle-Angleterre furent plus démocratiques. Cette partie du continent américain dévolue
par la charte de 1606 à la compagnie de Plymouth, fut
peuplée surtout par des puritains qui, pour échapper à
l'acte d'*uniformité* de la reine Élisabeth, s'étaient entièrement séparés d'avec l'Église anglicane et avaient fui
d'abord en Hollande. « Ils étaient, disaient-ils euxmêmes, depuis longtemps sevrés du lait de leur mèrepatrie, et endurcis aux peines attachées à un séjour dans
une terre étrangère ; unis ensemble par un lien puissant
et sacré, ils se tenaient obligés de prendre soin les uns
des autres, et de se dévouer chacun au bien de tous. Il
n'en était pas d'eux comme des autres hommes qu'un rien
pouvait décourager, et à qui le plus léger inconvénient

[1] Les Virginiens cédèrent à la force en se soumettant momentanément au protectorat de Cromwell par une capitulation qui réserva
tous les droits de l'assemblée générale. La restauration de Charles II
n'était pas effectuée qu'il avait été déjà proclamé par les Virginiens
roi d'Angleterre et de Virginie.

ferait souhaiter de revenir dans leur patrie [1]. » Ils s'établirent en conséquence dans la baie de Massachussets, dans
un lieu qu'ils appelèrent la Nouvelle-*Plymouth*, proba-
blement en l'honneur de la compagnie sur la concession
de laquelle ils formèrent leur établissement, et ils y
établirent un gouvernement démocratique, analogue à la
*politie* chrétienne des disciples de Robert Brown. La
liberté de professer ouvertement leurs opinions religieuses, et le droit de se gouverner par des lois qui étaient
leur ouvrage, consolaient, dit Robertson, ces colons au
milieu de leurs dangers et de leurs travaux. La constitution de leur Église était la même que celle qu'ils
avaient établie en Hollande. Leur système de gouvernement fut fondé sur les idées d'égalité naturelle entre les
hommes auxquelles leur *politie* ecclésiastique les avait
accoutumés ; toute homme libre, membre de l'Église, faisait partie du corps législatif suprême. Ils adoptèrent les
lois d'Angleterre comme la base de leur jurisprudence,
quoique avec quelque différence dans la punition des
crimes, empruntée des lois de Moïse. Le pouvoir exécutif
fut mis aux mains d'un gouverneur et de quelques conseillers choisis annuellement par les membres de l'assemblée législative [2].

Les colons de la Nouvelle-Plymouth ne furent jamais
formés en corps politique par une charte royale. A la
différence de tous les autres établissements en Amérique,

[1] Hutchinson's *History of Massachusset*, p. 4.
[2] Chalmer's *Annals*, p. 87.

cette colonie ne fut qu'une association volontaire tenant sa consistance du consentement tacite de ses membres à reconnaître l'autorité des lois, et à se soumettre à une magistrature organisée et choisie par eux-mêmes. Elle resta ainsi indépendante, mais faible, jusqu'à ce qu'elle fût réunie à une colonie voisine plus puissante, celle de la baie de Massachussets.

La charte accordée par Charles Ier aux planteurs de cette dernière colonie était conçue dans le même esprit que les chartes données par son père aux deux compagnies de Virginie et au conseil de Plymouth. Les nouveaux aventuriers avaient été réunis pour former une corporation politique, gouvernée dans un esprit monarchique par un corps législatif composé de propriétaires et par un gouverneur nommé par le roi. Tel est aussi l'esprit de la charte donnée par Charles Ier à la colonie de Massachussets en 1628, et par Guillaume et Marie à la province en 1691. Ouvrez le recueil de ces chartes [1] et des 388 *actes* qui en ont organisé les principes, vous y trouverez à chaque ligne la justification de cette pensée du chancelier Kent [2], que l'établissement des cités avec des corporations comme républiques locales fut la politique originaire de la Nouvelle-Angleterre, et exerça une influence heureuse et durable sur les institutions ainsi que sur le caractère moral et social du peuple. Vous

[1] *Ancient charter and law of Massachussel*, Bay. Boston, 1814.
[2] *Commentaries on American law*, v. II, lect. 33.

reconnaîtrez avec M. de Tocqueville que ces petites républiques locales ont été le véritable principe de la liberté américaine telle qu'elle existe aujourd'hui.

Il y avait dans chaque *city* un maire et un corps d'*aldermen*, élus par les citoyens de la commune (*citizens*). Dans chaque bourg ou village (*township*) l'assemblée des citoyens administrait elle-même et nommait le *shérif*, le *clerk*, le *coroner*, le *treasurer*, le *constable*, tous les officiers municipaux. Partout était admis et consacré l'antique principe de *l'autonomie* ; partout la ville incorporée administrait, vendait, achetait, plaidait, chargeait son budget ou le dégrévait selon qu'elle le jugeait convenable. Les villes, les colonies étaient reliées en une province à la tête de laquelle était u n gouverneur nommé par le roi, ainsi que le lieutenant gouverneur et le secrétaire, et dont l'assemblée législative était composée de délégués élus au nombre de deux par chaque ville.

Dans ce système tout était parfaitement pondéré, et les trois éléments monarchique, aristocratique et démocratique concouraient à l'administration.

Mais les colons du Massachussets aspiraient à une complète indépendance et à se gouverner seuls et par leurs propres lois. Et tandis que dans d'autres États la restauration était accueillie avec joie, ils offraient eux un asile aux régicides fugitifs. Goff et Vhalley, et leur esprit républicain se manifestait en toute occasion par les actes de l'administration locale. La lutte engagée entre la colonie et la métropole sous le Long-Parlement et sous le prolectoral de Cromwell, et continuée sous Charles II et sous Jacques II, acquit un nouveau degré d'énergie quand les intérêts anglais se trouvèrent représentés et confondus dans le parlement héritier des prérogatives de la couronne qu'il avait vaincue. L'administration tracassière et impuissante des gouverneurs devint de plus en plus intolérable aux colons à mesure que leur population, leurs richesses, leur importance se développèrent; et dès l'année 1692, la cour générale du Massachussets décréta : « qu'aucune imposition ne pourrait être levée sur les sujets de S. M. dans les colonies, sans le consentement du gouverneur, du consul et des représentants rassemblés en cour générale [1]. » En même temps et grâce au concours de nouveaux émigrants arrivant incessamment d'Angleterre, la colonie du Massachussets devint le foyer le plus actif des innovations civiles et religieuses. C'est dans cet esprit que les bourgeois (*freemen*) fondèrent et réglementèrent Boston, Charles-Town, Dorchester, Boxborough et plusieurs autres cités importantes. Vainement essaya-t-on plusieurs fois de transférer au gouverneur et à son conseil la nomination des officiers et le pouvoir de faire des lois. Les bourgeois reprirent par force les droits dont on les avait dépouillés; et aussi avides d'intolérance religieuse que de liberté politique, ils déclarèrent par une loi que personne ne serait désormais regardé comme bourgeois ou pouvant participer au gouvernement du

[1] Story, *Commentaries on the Constitution of the united states* (Boston, 1833, t. I, p. 62.)

pays, ou éligible à aucune magistrature, ou apte à remplir même les fonctions de juré, s'il n'avait été admis dans l'Eglise comme membre de la communion[1].

Le zèle religieux et démocratique des colons de Massachussets se propagea successivement dans les colonies de la Providence, de Rhode-Island, de Connecticut, de New-Hampshire, du Maine, etc., que peuplèrent successivement tantôt des colons venus directement de l'Europe, tantôt des habitants qui se détachèrent des colonies déjà établies en Amérique.

L'État de New-York fut fondé en 1674 dans le pays situé entre les établissements des compagnies de Londres et de Plymouth, que la charte de 1606 avait concédé en commun à toutes deux, qui avait été délaissé par l'une et par l'autre, et qui après avoir successivement passé des mains des Hollandais dans celles des Anglais, et réciproquement, fut définitivement concédé à l'Angleterre par le traité de Westminster. La charte donnée par le roi Charles au duc d'York pour y consacrer son pouvoir dispose :

1° Les rois d'Angleterre seuls sont investis du droit de gouverner la colonie, et tout officier n'y peut exercer aucune autorité, s'il ne l'a reçue immédiatement du roi par un acte scellé du sceau de la couronne d'Angleterre.

2° Le pouvoir législatif et l'autorité suprême (sous la dépendance du roi) résident dans le gouverneur, dans

1 Hutchinson, p. 26; Chalmer, p. 138.

le conseil et dans les représentants du peuple en l'assemblée générale ; l'administration appartient au gouverneur et au conseil.

3° Les lois seront en vigueur tant qu'elles seront consenties par le monarque, ou que le terme auquel elles doivent cesser leur effet ne sera pas arrivé.

4° Chacun doit être jugé par ses pairs, et toute sentence doit être rendue par des hommes du voisinage dans les affaires criminelles ; le prévenu doit être dénoncé à la cour par le grand-juge et ensuite par douze jurés.

5° Nulle taxe ou imposition ne peut être établie que par l'assemblée générale.

6° Toute église ou secte chrétienne, non susceptible de troubler le repos du pays, doit être admise, à l'exception de l'Eglise catholique.

La constitution de New-York était, on le voit, moins démocratique que celle de Massachussets ; mais en 1704, l'assemblée législative de cet Etat décréta, comme l'avait fait en 1692 celle de Massachussets, qu'aucune imposition n'y serait admise qui n'eût été votée par l'assemblée générale.

Ainsi se formèrent successivement sous l'influence de principes sinon identiques, du moins analogues, les treize premières colonies anglaises de l'Amérique septentrionale. Toutes, ou à peu près, reconnaissaient par leurs constitutions que c'était des rois de la Grande-Bretagne que les fondateurs tenaient leurs chartes, mais que cette souveraineté, analogue à celle qui pèse sur les contrées qui ne font pas corps avec la monarchie anglaise, ne mettait pas obstacle au libre gouvernement de l'assemblée générale des habitants. Toutefois les deux éléments monarchique et démocratique concouraient inégalement aux constitutions des divers États. Dans quelques-uns, dans celui de Massachussets par exemple, la démocratie coulait à pleins bords. Aussi est-ce de Boston que partit le signal de la révolte contre l'Angleterre, révolte motivée, on le sait, par la prétention du parlement anglais de créer des impôts sans le consentement du peuple américain.

Dès les premiers moments de la lutte un comité fut organisé spontanément dans chaque comté, et forma des compagnies de volontaires, prêtes à marcher sous ses ordres. L'assemblée de chaque État se forma en *convention*, et élut dans son sein douze personnes formant un comité de sûreté, chargé d'exécuter et de suppléer au besoin les délibérations de la convention. Un congrès général des députés des colonies se forma à Philadelphie, et décréta une levée en masse de tous les hommes depuis seize ans jusqu'à soixante. Il fit armer des corsaires, établit des cours d'amirauté et établit un papier-monnaie. Il mit un grand homme à la tête des armées américaines, Georges Washington [1]. Peu de temps après, les Etats-Unis, assemblés en congrès, proclamaient leur indépendance [2], et les treize États confédérés publiaient le traité d'alliance [3] qui sert de base depuis soixante ans aux constitutions des divers États.

[1] *Recherches sur les États-Unis*, t. I.
[2] Déclaration du 4 juillet 1776.
[3] 9 juillet 1778.

### LOIS RÉPUBLICAINES.

La constitution fédérale des États-Unis repose sur un principe complexe : la souveraineté respective de chaque État, et le gouvernement fédéral ; l'une est le principe, l'autre l'exception.

Le gouvernement fédéral, investi du droit de faire la paix et la guerre et d'établir des taxes générales, de régler les monnaies, les postes, les grandes communications, ne peut s'immiscer que dans des cas rares et définis d'avance dans le gouvernement particulier de chaque État. Il se compose d'un corps législatif divisé en deux branches : le congrès et le sénat. Le congrès est nommé directement par le peuple dans des assemblées auxquelles participent tous les habitants libres de chaque État, à l'exception des mendiants, des vagabonds, et de ceux qui fuyent les poursuites de la justice [1]. Le sénat est nommé par les législateurs de chaque État. Le mandat des représentants dure deux ans, celui des sénateurs six.

Le pouvoir exécutif réside dans un président élu par un corps spécial composé de membres désignés par chaque État en nombre égal à celui de ses représentants au congrès ; le président est rééligible et directement responsable.

La justice fédérale est administrée par la cour suprême et autres tribunaux fédéraux, qui jugent tous les procès dans lesquels l'union est intéressée.

Chaque État a aussi un pouvoir législatif divisé en deux branches, le sénat et la chambre des représentants,

[1] Art. 2 du Pacte fédéral du 9 juillet 1778.

les deux corps nommés par les mêmes électeurs. Le mandat des représentants ne dure en général qu'une année : les sénateurs siégent ordinairement deux ou trois ans. Le pouvoir exécutif dans l'État a pour représentant le gouverneur, magistrat électif, qui réunit dans ses mains la puissance militaire, mais qui reste étranger à l'administration, ou qui n'y prend du moins qu'une part très-indirecte par la nomination des juges de paix, qu'il ne peut ensuite révoquer.

Le département de la justice embrasse les cours de loi et d'équité (*law and equity*) dans lesquelles la justice est administrée; ces cours sont instituées dans les villes et les comtés comme les cours suprêmes ou supérieures dans l'État; elles jugent les procès civils et les accusations dirigées contre les fonctionnaires ; elles leur infligent des amendes et quelquefois des destitutions.

Les juges de paix ont des attributions à la fois judiciaires et administratives. En général, le gouverneur les nomme et en désigne trois pour former dans chaque comté *la cour des sessions* ; cette cour se réunit deux fois par an au chef-lieu du comté : c'est elle qui concurremment avec les tribunaux ordinaires, notamment avec la cour de *Common-pleas* et avec la *supreme judicial court*, est chargée de maintenir les fonctionnaires publics dans l'obéissance.

Le pouvoir administratif ne réside ni dans les fonctionnaires fédéraux ni dans ceux de l'État, il réside dans les mandataires électifs de la commune, de la cité, du comté. Nous allons l'examiner en détail sous ce triple aspect.

# CHAPITRE V.



*Des villes (towns) [1], de leurs assemblées (town-meetings), et de leurs officiers (town-officers).*

On distingue en Amérique les villes ordinaires (*towns*) qui ont en général deux à trois mille habitants, et les grandes villes (*cities*) dont la population est beaucoup plus considérable. L'administration des *towns* et celle des *cities*, quoique fondées sur les mêmes principes, ont des formes très différentes. Nous parlerons plus tard des *cities*; occupons-nous d'abord des *towns*.

DES POUVOIRS ET DES DROITS DES VILLES (*towns*).

Les villes (*towns*) sont érigées en corporations publi-

[1] Voyez *Laws of Massachusset in two volumes*, Boston, 1823, vol. I, p. 217, 350, 267, 551;—*Town-Officer*, Vorcester, 1827;—*Revised statutes of the Stat of New-York*, p. 1, ch. 11;—*Maine statutes*, title VII;—*Laws for the regulation of towns*, ch. VII, Portland, 1847;—*The United-States' constitutionnal manual*, Harisbourg, 1848, ch. VII, p. 153.

ques par un acte de la législature ; elles deviennent alors des personnes civiles capables d'ester en justice, soit en demandant, soit en défendant, d'administrer, d'acquérir, de vendre des propriétés mobilières et immobilières, de contracter des dettes et de s'en libérer. Elles peuvent voter telles sommes d'argent qu'elles jugent nécessaires pour l'établissement et le soutien des ministres du culte, des écoles, des pauvres et autres charges communales ; elles peuvent à cet effet lever des impôts sur les habitants pourvu qu'ils soient autorisés par les statuts; elles peuvent faire des statuts et des règlements de communautés indépendants des lois de l'État (*by-laws*) pour l'administration des affaires de la ville, pour y entretenir la paix, le bien-être et le bon ordre; elles peuvent tarifer les amendes exigibles des contrevenants dans les limites fixées par la loi. Ces statuts doivent être approuvés dans l'État de Massachussets et autres par la *cour des sessions* du comté; ils sont applicables aux étrangers qui résident dans la ville ; dans l'état de New-York cette autorisation n'est requise ni pour les règlements communaux ni pour les actes d'achat et de vente. Les villes règlent comme elles l'entendent les dispositions de leurs biens sans avoir à redouter le contrôle d'aucune autorité supérieure; seulement les villes ne possèdent et n'exercent que les pouvoirs énumérés par la loi ou nécessaires à l'exercice de ceux que la loi confère.

Les lois de l'État de Massachussets permettent aux villes de suspendre l'exécution de certaines lois, entre autres de celles qui sont relatives à la chasse, à la pêche, à la vente du gibier et du poisson en temps prohibé, au mesurage des foins, des sels, des grains, etc. à la divagation des animaux et autres objets de police locale.

## DES EFFETS DE LA DIVISION D'UNE VILLE ET DE SES DROITS COLLECTIFS [1].

Quand une ville propriétaire de terres est partagée en deux ou plusieurs villes, les inspecteurs et surveillants des pauvres des villes constituées par cette division se réunissent aussitôt qu'ils le peuvent après la première assemblée de la ville, et quand ils sont réunis ils ont le pouvoir de consentir à telle disposition et à tel partage qu'ils jugent convenable, et de prendre toutes les mesures qui pourront être nécessaires.

Quand une ville subit des changements dans ses limites par l'addition d'une partie de son territoire à une autre ville ou à plusieurs villes, les inspecteurs et les surveillants des pauvres de la ville à laquelle ce territoire est ôté et de la ville ou des villes auxquelles ce territoire est ajouté se réunissent à cet effet, et ont les pouvoirs définis dans la section précédente.

Si les inspecteurs et surveillants des pauvres ne font pas dans les six mois le partage auquel ils sont autorisés, ils peuvent vendre tout ou partie des terres qu'ils trouvent dans les limites de leur ville telles qu'elles sont définies, et les produits de ces ventes sont partagés entre les villes intéressées par les inspecteurs et surveillants des pauvres

[1] *Revised statutes of the stat of New-York*, vol. I, p. 330.

de toutes ces villes proportionnellement aux impôts payés par les propriétés de la ville partagée.

Quand une ville possédant de l'argent ou des titres actifs est partagée ou changée dans ses limites, les inspecteurs et surveillants sont chargés de faire le partage de ses capitaux entre les villes intéressées, selon les règles ci-dessus prescrites.

Quand la réunion des inspecteurs et surveillants de deux ou plusieurs villes est demandée pour pourvoir à l'exécution des précédents articles, il y a trois jours de délai entre la convocation et le jour de la réunion.

Les précédentes dispositions ne s'appliquent pas aux cimetières ; chaque ville conserve celui qui se trouvait dans ses limites.

Les dettes des villes ainsi partagées ou changées sont partagées de la même manière que les propriétés et les capitaux.

Rien de ce qui est contenu dans ce titre ne s'applique aux lots accordés par le peuple de cet État aux villes pour le culte et les écoles.

### DES ÉLECTEURS (*voters*) [1]

Tout dans l'organisation administrative des États-Unis émane directement du peuple et du suffrage universel. L'élection suspend les prises de corps, les devoirs militaires, les séances judiciaires, toutes les affaires publiques. C'est la grande affaire aux États-Unis, et les

[1] Constitution of Massachussets, Amendement 3; Statut 1822, ch. 104, G. 1.

soins les plus minutieux sont apportés à la confection des listes préparées par les *assesseurs*, corrigées par les *selectmen*, et affichées sous des peines sévères infligées aux fonctionnaires négligents [1].

C'est par l'élection que se recrutent les officiers de l'État (*state-officers*), les officiers des comtés (*county-officers*), et les officiers des villes (*town-officers*).

Tout citoyen mâle âgé de vingt-et-un ans, excepté les indigents (*paupers*) et les personnes en tutelle (*under guardianship*) a droit de prendre part aux élections des officiers de villes, de comtés ou d'État, pourvu qu'il ait demeuré un an avant l'élection dans la république et six mois dans la ville où il demande à voter, et qu'il ait payé par lui-même ou par ses parents, maîtres ou tuteurs, une taxe d'État ou de comté imposée dans les deux ans qui ont précédé l'élection, ou qu'il ait été dispensé de taxe. Nulle autre personne n'a droit de prendre part à l'élection [2].

Tout citoyen mâle qui a résidé six mois dans une ville et qui a les qualités requises par le paragraphe précédent, est autorisé à voter sur toutes les questions concernant les affaires de la ville.

L'appréciation des caractères de la résidence offre souvent des difficultés.

Dans certains États, le marin et l'étudiant sont considérés comme n'ayant pas de résidence fixe; dans d'autres, ils ont le droit de voter dans le lieu où ils se trouvent.

[1] *Laws for the regulation of towns*, ch. VII et suiv. Portland, 1847.

[2] Town-officers, v° voters; laws for the regulation of towns, etc.

7.

En général, la résidence dans une ville pour un projet temporaire confère le droit d'y voter au citoyen qui n'a aucune demeure permanente. L'absence temporaire accompagnée d'esprit de retour n'enlève pas au contraire au citoyen domicilié le droit de voter dans sa commune.

Les électeurs qui exercent un recours contre les officiers municipaux qui les ont privés du droit de suffrage doivent faire leurs diligences et obtenir leur inscription sur la liste des votants avant l'ouverture du *poll*. S'ils succombent dans leur demande, ils ne peuvent se pourvoir devant aucun tribunal.

### DES RÉUNIONS ANNUELLES ET SPÉCIALES DES VILLES (*town-meetings*)[1].

Les citoyens des villes appelés par la Constitution à participer à l'élection des officiers se réunissent tous les ans.

Chaque ville tient sa prochaine réunion au jour fixé par la loi, et les électeurs, avant de procéder au choix des officiers, fixent l'époque de la réunion annuelle entre le premier mardi de février et le premier mardi de mai. Cette époque une fois fixée ne peut être changée que trois ans après.

Quand le choix des époques de réunion n'a pas été fait par les électeurs, la réunion a lieu comme l'année précédente.

Dans chaque réunion annuelle on choisit un inspecteur, un greffier, autant de juges de paix que la ville doit en

_____________

[1] Revised statutes of New-York, v° towns, titre 2, v. 1, p. 331.

élire, au moins trois et au plus cinq assesseurs, un collecteur, deux surveillants des pauvres, trois commissaires des chemins, trois commissaires et inspecteurs des écoles, cinq constables au plus, un inspecteur des poids et mesures, autant de surveillants des chemins qu'il y a de chemins de districts dans la ville, un directeur des fourrières si les électeurs le jugent convenable.

Les assesseurs et commissaires des chemins, élus en chaque ville, sont chargés d'inspecter les haies.

Les électeurs de chaque ville ont le pouvoir dans les réunions des villes :

1° De décider quel nombre d'assesseurs, de constables et de peseurs sera choisi pour l'année;

2° D'élire les officiers de la ville que la loi prescrit;

3° De fixer la contribution pour les écoles publiques, jugée nécessaire pour l'année, pourvu qu'elle n'excède pas le montant de la somme fixée par la loi;

4° De diriger les procédures actives ou passives de la ville, dans tous les procès qu'elle peut avoir contre les corporations, les individus ou les autres villes;

5° De fixer l'impôt nécessaire pour soutenir ces procès;

6° De prendre les mesures et de donner les directions nécessaires dans l'exercice des droits de la corporation;

7° De prendre les mesures et de fixer les récompenses et les contributions nécessaires pour opérer la destruction des mauvaises herbes;

8° D'établir et de maintenir des fourrières en tel endroit que la ville juge convenable;

9° De déterminer les salaires des inspecteurs des chemins, des haies, des écoles, ainsi que des collecteurs des impôts, lesquels seront au moins trois et au plus cinq;

10° De faire les règlements jugés nécessaires pour l'embellissement des terrains appartenant à la ville, le maintien et la réparation des haies qui entourent les jardins, les vergers et les prairies; de protéger ces terres contre les dégâts;

11° D'établir les mêmes règlements pour les dépaissances communes et pour les fourrières;

12° De fixer les amendes auxquelles on s'expose par l'infraction de ces règlements, lesquelles amendes ne peuvent excéder 12 dollars et 50 cents pour chaque contravention;

13° De déterminer l'application de ces amendes, selon ce qui paraît le plus convenable aux intérêts de la ville.

Quand les commissaires des grands chemins sont d'avis que la somme de 250 dollars accordée par la loi n'est pas suffisante pour payer les frais nécessaires à l'amélioration des chemins et des ponts, les commissaires peuvent se présenter à la réunion de la ville et demander le vote d'une somme qui n'excédera pas celle qui est établie par la loi.

Avant de faire l'application des sommes votées, les commissaires sont tenus d'en donner avis d'une manière apparente dans les quartiers les plus fréquentés de la ville, au moins en cinq endroits différents, quatre semaines avant la réunion de la ville. Cet avis doit spécifier les sommes nécessaires à l'exécution du projet, et l'affectation qui doit en être faite dans chaque endroit, s'il y en a plusieurs.

Quand il a été fait dans l'assemblée de la ville application des sommes d'argent votées pour les projets mentionnés dans la première section de cette loi, les commissaires exposent le compte des frais nécessaires à l'amélioration des chemins et des ponts pour l'année suivante.

Si l'assemblée de la ville vote une somme en sus de celle qui est accordée par la loi pour l'amélioration des chemins et des ponts, le greffier (*town-clerk*) rédige la résolution adoptée et en adresse un exemplaire à l'inspecteur de la ville (*supervisor*), qui veille à ce que la somme votée soit levée (*collected*) de la même manière que les autres impôts.

Indépendamment des pouvoirs spécifiés ci-dessus, les électeurs de chaque ville sont obligés de soutenir leurs pauvres et d'ordonner dans chaque réunion annuelle l'affectation aux pauvres, pour l'année suivante, si c'est nécessaire, de l'impôt qu'ils auront voté à cet effet.

On pourvoit dans les réunions des villes à la nomination des emplois vacants. Quand on a choisi douze personnes ou un plus grand nombre aux fonctions d'inspecteur de la ville (*supervisor*), elles demandent par écrit signé d'elles et adressé au greffier de la ville (*clerk*) une réunion spéciale de la ville pour fixer l'argent nécessaire aux écoles publiques, aux pauvres, à la défense des procès, etc. Si ces objets n'ont pas été discutés dans la réunion annuelle, aucune réunion spéciale de la ville ne peut s'occuper que des objets spécifiés dans cette section.

Il n'est pas nécessaire de donner avis de la réunion annuelle ; mais le greffier de la ville est tenu de donner au moins huit jours à l'avance avis de la réunion spéciale et de l'afficher dans les lieux publics. Cet avis indique l'époque, le lieu et l'objet de la réunion.

Toutes les décisions adoptées dans les assemblées des villes restent en vigueur jusqu'à ce qu'elles soient changées par une autre assemblée.

Aucune poursuite civile ne peut être intentée contre un électeur pendant le temps fixé pour l'assemblée de la ville.

### DE LA MANIÈRE DE DIRIGER LES ASSEMBLÉES DES VILLES.

Le juge de paix est tenu d'assister aux séances et de veiller à ce qu'elles soient tenues avec ordre et régularité.

En cas d'absence du juge de paix, les électeurs choisissent un autre président qui a les mêmes pouvoirs.

Le greffier tient avec exactitude procès-verbal de tous les travaux et de tous les règlements faits par l'assemblée de la ville.

En cas d'absence du greffier, la personne élue à sa place agit comme greffier de la réunion.

Les réunions des villes ne sont ouvertes que pendant le jour, entre le lever et le coucher du soleil, et si c'est nécessaire, elles peuvent être ouvertes pendant deux jours, mais pas plus longtemps.

Toutes les questions sont décidées dans la réunion à la majorité des électeurs votants, et les présidents des réunions proclament le résultat des votes.

Si quelqu'un se présente pour voter dans l'assemblée sur quelque question que ce soit, et qu'il soit dénoncé comme incapable, le président agit comme il est prescrit dans le quatrième titre du sixième chapitre de cet acte, et le vote est interdit, s'il y a lieu, par la réunion de la ville.

Les procès-verbaux des assemblées des villes, signés par le président, sont enliassés dans le bureau du greffier de la ville deux jours après la réunion.

### DE L'ÉLECTION DES OFFICIERS DES VILLES.

La plupart des officiers des villes sont élus au scrutin, entre autres les assesseurs, les percepteurs des taxes, les surveillants des pauvres, les commissaires des chemins, les inspecteurs des écoles, les constables, etc. Les officiers moins importants peuvent être élus : 1° par affirmation ou par négation ; 2° par division des électeurs.

Quand les électeurs votent au scrutin, les noms des officiers sont inscrits dans un billet écrit à la main ou imprimé, avec les emplois qui leur sont donnés. Le scrutin est remis au président de manière à ce que son contenu soit caché.

La liste des électeurs qui ont voté au scrutin est tenue gardée par le secrétaire (*clerk*).

Quand l'élection est faite au scrutin, l'officier président dépose les votes dans une boîte qui est construite, gardée et déposée de la manière prescrite au quatrième titre, chapitre 6 de cet acte.

A la fin de chaque élection faite au scrutin, l'officier président dépouille les votes; le dépouillement, une fois commencé, est continué sans interruption.

A la fermeture du scrutin dans l'assemblée de la ville, les scrutateurs (*the canvassers*) peuvent remettre au lendemain la continuation de l'élection. Ils ont aussi le droit de la continuer après le coucher du soleil; dans les deux cas, l'assemblée doit continuer au lieu où elle a été tenue. Le résultat de l'élection est annoncé par le secrétaire aux personnes assemblées; à cet effet, il lit les noms des électeurs et ceux des élus. Toute élection faite, hors de ces cas, après le coucher du soleil, est regardée comme illicite.

Avant le dépouillement du scrutin, les votes sont comptés et comparés avec le nombre des votants.

Après le dépouillement, le secrétaire calcule le résultat, il en dresse procès-verbal et le lit aux électeurs assemblés.

Dans le délai de dix jours le secrétaire envoie à chacun des élus l'avis de son élection, s'il ne fait pas partie lui-même de la liste des votants.

Les juges de paix sont élus par le peuple des villes de la manière prescrite, chapitre 14, première partie des statuts révisés, pour l'élection des inspecteurs et des autres officiers des villes qui doivent être élus.

Le secrétaire de la réunion de la ville où un juge de

paix a été élu envoie dans les dix jours au secrétaire du comté (*to the clerk of his county*) uu certificat du résultat de l'élection, écrit de sa main.

Les juges de paix élus entrent en fonctions le 1er janvier après leur élection, et s'il y a plusieurs juges de paix élus dans une ville, on détermine, par suffrages, leurs diverses entrées en fonctions.

Quand un juge de paix qui est déjà en fonctions est élu par l'assemblée annuelle de la ville, le terme de quatre ans, pendant lequel ses fonctions doivent durer, ne commence que le 1er janvier suivant.

Dans toutes les réunions des villes (hormis la première d'une nouvelle ville), les juges de paix à élire sont désignés avec le terme de quatre ans (en lettres ou en chiffres), et ceux qui ont obtenu le plus grand nombre de désignations de ce genre en leur faveur sont élus.

Le président de la réunion annuelle de la ville décide quels sont ceux qui ont été régulièrement élus pour quatre ans; cette décision est constatée par procès-verbal et lue publiquement comme toutes celles qui concernent l'élection des officiers des villes.

Si personne n'a été élu pour le terme de quatre ans, il est procédé de la manière prescrite par la loi de 1833, chapitre 270.

Si une personne a été élue pour le terme de quatre ans, ceux qui ont été élus sans désignation de ce terme sont juges suppléants, et s'il y en a plusieurs, le scrutin décide quels sont ceux qui doivent remplir les fonctions.

Ceux-là seuls sont éligibles aux offices ou fonctions des villes qui sont électeurs dans la ville où ils ont été élus.

## DES DIVERSES ESPÈCES D'OFFICIERS DE VILLE (*town-officers*).

On n'élit pas dans toutes les villes les mêmes officiers et en égal nombre.

Le *town-officer* signale comme étant élus dans les villes de la Nouvelle-Angleterre 1° le président du meeting (*moderator*); 2° le secrétaire de la ville (*town-clerk*); 3° deux, trois, cinq, sept ou neuf *selectmen*, hommes d'élite chargés d'une mission générale; 4° trois assesseurs au moins chargés d'imposer les taxes; 5° des percepteurs des taxes (*collectors of taxes*); 5° un trésorier (*treasurer*); 6° des *constables* chargés de veiller à la paix publique; 7° deux ou plusieurs inspecteurs des haies (*fence-viewers*); 8° des inspecteurs des champs (*field-drivers*); 9° des gardiens du feu (*fire-wards*); 10° des commissaires de santé (*health-committee*); 11° des baillis, pour les porcs (*hog-rewers*); 12° des gardes des fourrières (*pound-masters*); 13° des surveillants des pauvres (*overseers of the poor*); 14° des surveillants des grands chemins (*surveyors of higways*); 15° des surveillants des gros bagages (*surveyors of lumber*); 16° des inspecteurs de la chaux (*inspectors of lime*); 17° des préposés au choix du poisson salé (*surveyors and cullers of dry fish*), et en général tous les officiers que requièrent les diverses branches des services administratifs.

Les *selectmen* sont chargés en outre de choisir certains officiers , savoir : 1° les commissaires-priseurs (*auctioneers*); 2° les vérificateurs des poids et mesures (*sealers of whigths and measures*); 3° les mesureurs de bois (*measurers of wood*); 4° les inspecteurs des paniers de charbons (*inspectors of charcoal baskets*); 5° les pompiers (*enginemen*); 6° les peseurs et inspecteurs des oignons dans les villes où les oignons sont envoyés à bord des navires (*weighers and inspectors of onions in towns where onions are shipped*); 7° les peseurs de bœuf dans les villes où le bœuf est vendu pour le marché ou pour l'exportation (*wheighers of beef in towns where beef is sold for marketing or barelling*); 8° les inspecteurs des maisons publiques autorisées (*tythingmen*); 9° les peseurs et les inspecteurs du pesage des foins.

Les lois de l'Etat de New-York retranchent de cette liste un certain nombre de fonctionnaires et en ajoutent d'autres, tels que les inspecteurs des écoles qui, dans les Etats de la Nouvelle-Angleterre, sont nommés par un comité mixte; elles laissent d'ailleurs aux villes la plus grande latitude dans le choix de leurs officiers.

Parcourons maintenant les attributions des divers officiers des villes, et pour éviter la confusion, analysons successivement les lois de l'Etat de Massachussets et celles de l'Etat de New-York.

# CHAPITRE VI.

## Des attributions des officiers de ville (town-officers) dans l'État de Massachussets.

---

### DU PRÉSIDENT (*moderator*).

Le président (*moderator*) est nommé chaque année dans le *meeting*, à moins qu'il ne s'agisse du choix du gouverneur, du lieutenant-gouverneur, des sénateurs et des représentants. Jusqu'à sa nomination, le greffier de la ville préside.

Le président fait les règlements et a la police de l'assemblée. Celui qui trouble le silence est tenu de payer cinq schellings pour l'usage de la ville, et, s'il persiste, il est expulsé et obligé de payer une amende de vingt schellings.

Toute violation du secret des votes est punie d'une amende de vingt dollars.

### DU SECRÉTAIRE DE LA VILLE (*town-clerk*).

Le secrétaire de la ville est élu dans le *meeting* annuel de mars. Il doit inscrire les délibérations. Il est tenu de prêter serment devant le juge de paix, et à son défaut, devant le président du *meeting*.

L'élection du président du *meeting*, du secrétaire, des *selectmen* et des assesseurs est faite au scrutin. Le secrétaire préside quand il s'agit de l'élection du président.

Il doit notifier aux officiers de la ville leur élection et leur transmettre la formule du serment d'office qu'ils ont à prêter[1]. Tout fonctionnaire qui ne prête pas serment paye une amende de trente schellings ; deux tiers pour la ville, un tiers pour le dénonciateur. Le secrétaire qui néglige de remplir son devoir paye une amende de quarante schellings.

Les *selectmen* et le secrétaire de la ville doivent dresser la liste des électeurs du gouverneur et du lieutenant-gouverneur, et la transmettre au secrétaire de la République et aux shérifs de leurs comtés respectifs , selon les prescriptions de la Constitution. Cette liste est remise close aux différents bureaux de la Cour générale.

Même disposition pour la liste des électeurs des conseillers et sénateurs. Cette liste est remise au gouverneur et à son conseil pour la mettre à exécution.

Même disposition pour les représentants au Congrès.

Idem pour les représentants à la Cour générale.

---

[1] Le serment est un acte solennel et religieux, et doit être reçu avec révérence ; on a aboli avec raison l'usage de le recevoir dans des réunions de plaisir.

Une amende de quarante à quatre-vingts dollars punit les contraventions aux prescriptions de cet article.

Le secrétaire de la ville publie les bans de mariage et en donne des certificats. Toute personne qui détruit les affiches est punie d'une amende de vingt schellings, et s'il ne peut pas la payer, il est condamné à une heure de pontons.

Le secrétaire de la ville est également tenu d'enregistrer les mariages qui sont solennisés par les ministres de l'Evangile du lieu où résident les futurs époux.

Le secrétaire de la ville inscrit les actes de naissance et de décès qui lui sont notifiés par les parents.

Ceux qui négligent d'en donner avis sont punis d'une amende d'un dollar par le juge de paix.

Quiconque trouve de l'argent dont le propriétaire est inconnu doit en avertir le secrétaire de la ville, qui est chargé de faire les publications nécessaires.

Quiconque trouve une bête égarée doit aussi avertir le secrétaire de la ville.

Si le propriétaire se montre dans l'an et jour de la publication, on lui restitue l'objet perdu, moyennant le remboursement de six pences pour chaque publication.

Si le propriétaire ne paraît pas dans le même délai, l'objet perdu reste la propriété de celui qui l'a trouvé moyennant le remboursement de la moitié de la valeur, qui est comptée au trésorier de la ville pour l'usage des pauvres.

Le secrétaire de la ville est tenu d'envoyer à l'archiviste du comté (*register of deeds in the county*), l'état des objets perdus ou égarés.

S'il néglige l'accomplissement des devoirs prescrits par cet acte, il encourt une amende de quarante schellings, la moitié pour l'usage du comté et la moitié pour le dénonciateur.

Le secrétaire de la ville est tenu de faire prêter serment par les experts (*appraisers*).

Le secrétaire de la ville reçoit pour les publications et certificats de mariages, de naissances, de décès, etc., un certain nombre de cents, payable par les parties intéressées.

Le secrétaire de la ville lit chaque année, à l'ouverture du *meeting* : 1° l'acte contre les blasphèmes et les jurements;

2° L'acte contre les rassemblements, attroupements et émeutes.

3° L'acte sur la police du roulage.

Il fait connaître les peines pécuniaires et corporelles auxquelles s'exposent les contrevenants.

DES SELECTMEN.

Les percepteurs des taxes remettent aux selectmen, quinze jours avant le premier lundi de mars, une liste de toutes les personnes ayant acquitté leur imposition (*county tax*) spécifiant le terme de payement.

Les selectmen sont tenus de se réunir dix jours avant le premier lundi de mars, à l'effet de classer par ordre alphabétique le nom des personnes appelées à voter pour les différents fonctionnaires, et ils doivent également, dix jours avant le premier lundi de mars, veiller, chaque année, à ce que lesdites listes soient affichées sur deux places publiques ou plus, dans leurs villes respectives ; de plus, ils doivent se réunir pendant un temps convenable, dans les quarante-huit heures qui précéderont l'assemblée (*town meeting*), pour le choix des fonctionnaires, à l'effet de corriger lesdites listes. Leur réunion aura lieu de nouveau pendant une heure au moins, le jour et avant l'ouverture de ladite assemblée. L'heure et le lieu de cette réunion particulière sont indiqués dans les listes publiquement affichées.

Les selectmen sont tenus de se pourvoir d'une liste ainsi complétée pour l'élection, et toute personne dont le nom ne sera pas préalablement inscrit sur cette liste ne pourra point émettre son vote dans aucune élection, ni jusqu'à ce que les selectmen ou le président (*moderator*) de cette assemblée aient eu le temps de trouver leur nom sur la liste susdite.

Les selectmen de chaque ville ne seront point responsables, lorsqu'ils auront soigneusement et dûment admis sur les listes des votants le nom des personnes désignées à eux par les collecteurs comme ayant payé pendant deux ans une taxe quelconque, des omissions de cette liste, non plus que du refus qu'ils feront à toute personne dont le nom ne se trouverait pas sur ladite liste, à moins que la personne dont le nom aurait été omis ne puisse, avant d'émettre son vote, fournir les preuves suffisamment évidentes de sa qualité légale d'électeur, et ne requière des selectmen l'insertion de son nom sur la liste des votants.

DE L'OBLIGATION DES SELECTMEN DE PRÉSIDER LES *town-meetings* POUR CERTAINES ÉLECTIONS.

La Constitution exige que toute personne ayant qualité pour élire les gouverneur, lieutenant-gouverneur ou sénateurs, donne son vote le premier lundi du mois d'avril annuellement, dans une assemblée convoquée au moins sept jours auparavant; ce vote sera remis aux selectmen qui doivent présider l'assemblée.

Les selectmen sont également obligés d'assister le secrétaire en dépouillant et comptant les votes, lequel doit en dresser les listes en présence des selectmen dans une réunion publique; et après que la publication des votes aura eu lieu, ils seront cachetés en présence des habitants, signés par les selectmen et secrétaire, et expédiés au secrétaire de la République, avec une suscription qui en indique le contenu.

Les votes concernant les sénateurs doivent être renfermés dans une enveloppe différente de celle qui contient les votes pour le gouverneur et le lieutenant-gouverneur.

DEVOIRS DES SELECTMEN DANS LE CHOIX DES REPRÉSENTANTS.

Les habitants de chaque ville unie, ayant droit de choisir un ou plusieurs représentants à l'assemblée législlative de cette république, seront convoqués à cet effet annuellement dans le mois de mai, dix jours au moins avant le dernier vendredi de ce mois par les selectmen de ces villes ou la majeure partie d'entre eux. Les selectmen présents présideront l'assemblée et la dirigeront; ils recevront, dépouilleront et compteront publiquement les votes écrits qui seront donnés par les habitants présents ayant qualité pour voter. Ils feront connaître publiquement et immédiatement le nom de la personne élue, et veilleront à ce que l'élection soit enregistrée dans le registre civil, ainsi que le nombre des votes et ceux pour qui ils ont été donnés, et dans les trois jours qui suivront l'élection ils en feront donner avis à la personne par un constable ou toute autre personne autorisée pas eux à cet effet. Les selectmen présents, ou au moins la majorité d'entre eux, dresseront et signeront un certificat de l'élection, ayant soin d'en envoyer un second aux bureaux du secrétaire de la République avant le dernier vendredi du même mois. Cette élection sera également ment notifiée à la chambre des représentants pour leur acceptation.

Et lorsque les selectmen d'une ville ayant droit d'élire un représentant négligeront de convoquer l'assemblée, de la présider et de procéder en tout cela comme il est requis, et lorsque le secrétaire (*town clerk*) refusera ou négligera de remplir son devoir au préjudice des droits des électeurs, le secrétaire, ainsi que chacun des selectmen coupables, sera passible d'une amende n'excédant pas 80 dollars, mais ne pouvant être moindre de 40, selon la gravité de la faute, et après conviction entière,

La république est divisée en treize districts, à l'effet de choisir les représentants au congrès. Chaque district doit élire un de ses habitants pour le représenter.

Les selectmen des différentes villes inviteront, tous les deux ans, les habitants à s'assembler le premier lundi du mois de novembre, pour élire leurs représentants respectifs. Les selectmen présideront ces assemblées; ils recevront publiquement les votes, feront le dépouillement, dresseront une liste de toutes les personnes qui auront obtenu des voix, inscriront *en toutes lettres* le nombre des suffrages à côté du nom des candidats. Le secrétaire en dressera un procès-verbal, et après que les selectmen auront publiquement proclamé le nom des personnes élues et le nombre de suffrages obtenus par chacun d'eux, ladite liste sera cachetée publiquement, approuvée par les selectmen, et on inscrira sur le revers le nom du district auquel appartient l'élection; elle sera expédiée, dans le délai de quatorze jours, au secrétariat de la république ou au shérif du comté dans lequel la ville est située, qui la transmettra dans le délai de quarante jours au secrétaire de la république.

Dans le cas où aucun candidat n'obtiendrait une majorité de suffrages dans quelque district, le gouverneur rendra une ordonnance adressée aux selectmen des différentes villes du district, les invitant et obligeant à convoquer de nouveau les habitants desdites villes de la même manière qu'il a été dit, à l'effet d'élire un représentant pour le congrès. Cette ordonnance (*precept*) sera accompagnée de la liste des candidats pour lesquels on a déjà voté, et du nombre de suffrages obtenus par chacun d'eux, et consignés dans la première liste. Les mêmes formalités auront lieu dans cette élection, et les listes seront de nouveau expédiées de la même manière, et on procédera ainsi autant de fois que le besoin l'exigera.

Les selectmen qui violeront le secret des votes paieront une amende de 20 dollars. La régularité des votes est assurée par des amendes diverses infligées aux contrevenants.

Ces dispositions s'appliquent à tous les genres d'élections.

#### DIVERSES ATTRIBUTIONS DES SELECTMEN.

Les selectmen donneront les autorisations nécessaires aux aubergistes, taverniers et marchands de liquides et de comestibles. Ceux qui vendront en gros (28 gallons) sans cette autorisation paieront une amende de 20 liv. sterl. Le débit en détail des liqueurs spiritueuses sans licence est puni d'une amende de 6 liv. sterl. Les licences sont renouvelées tous les ans. Le secrétaire de la justice de paix du comté remet aux selectmen, chaque année, les noms des personnes déjà pourvues de licence.

Si les selectmen négligent ou refusent sans motif d'accorder une licence, la cour des sessions l'accorde.

Les selectmen affichent dans les tavernes, auberges et

boutiques les noms de ceux qui sont réputés ivrognes et joueurs ; et les propriétaires des établissements seront tenus de leur en interdire l'entrée, sous une amende de 30 schellings.

Il est interdit aussi de leur vendre des vins et esprits sous une amende de 20 schellings, et, en cas de récidive, de 20 dollars. Moitié de l'amende sera donnée au plaignant, et l'autre moitié aux pauvres.

Les selectmen doivent pourvoir à l'interdiction par les juges de paix, des idiots, maniaques, lunatiques, etc., et à la nomination de leurs tuteurs et curateurs.

Ils doivent dénoncer aux juges de paix les personnes qui se ruinent par l'ivrognerie, le jeu, la paresse et la débauche, et qui exposent par là les villes à des dépenses pour les soutenir. Les juges de paix leur nomment, s'il y a lieu, des tuteurs et curateurs ; mais ils n'ont pas le droit d'attenter à leur liberté ou de les mettre en service. Tout don ou autre acte d'aliénation de leurs biens fait sans autorisation desdits tuteurs et curateurs est nul de soi.

Les selectmen sont chargés de mettre en apprentissage les mineurs qui n'ont ni parents ni tuteurs, et les enfants pauvres.

Ils sont chargés de maintenir et de renouveler tous les cinq ans les limites des villes. En cas de négligence, ils sont condamnés à une amende de 5 liv. sterl. dont deux tiers sont donnés à la ville, et un tiers leur appartient à eux-mêmes.

Ils élèvent et maintiennent sur les routes des poteaux pour guider les voyageurs (*guide posts*) où sont inscrites les distances et les directions. En cas de négligence, ils paieront une amende de 20 schellings par mois, dont la condamnation sera prononcée par le grand jury. Toute personne qui effacera les inscriptions des poteaux paiera une amende de 20 à 40 schellings, moitié pour le plaignant et moitié pour la ville.

Les selectmen préparent la liste des jurés qui ne sont pas exemptés ou déclarés indignes par la loi, et procèdent au tirage.

La loi indique la forme en laquelle ce tirage doit avoir lieu.

Les constables convoquent les jurés.

Les selectmen sont tenus de convoquer les jurés en cas d'inondation, pour estimer les dommages. Tout juré défaillant est tenu d'une amende de 10 dollars.

Ils doivent convoquer les jurés sur la plainte de toute personne ayant éprouvé des dommages par l'interruption d'un chemin. Dans ce cas et dans le précédent les jurés ont droit à 4 cents par mille de route.

Ils doivent convoquer les jurés, sur la réquisition des shérifs, pour estimer les dommages provenant d'exhalaisons insalubres.

Les selectmen doivent convoquer les réunions des villes (*town-meeting*) sur la demande de dix tenanciers (*freeholders*). On ne pourra y délibérer que sur les matières annoncées dans l'acte de convocation.

Ils assignent des places particulières, si les juges de paix le jugent nécessaire, pour l'exercice de certaines professions, telles que l'abattage des bestiaux, la distillation des esprits, la fabrication du suif ou de l'huile, la tannerie, etc. Ils peuvent interdire ces industries hors des lieux fixés. Une amende de 5 liv. sterl. est infligée aux contrevenants.

Ils peuvent prescrire des stations militaires et des gardes pour prévenir des émeutes sur les places publiques.

Ils sont autorisés à permettre la construction de chemins particuliers et publics.

Si les villes refusent ou retardent sans motif de consentir à la confection des chemins ordonnés par les selectmen, la cour des sessions statue, c'est elle qui règle les dommages causés par la non-confection ou réparation des chemins.

Les selectmen nomment le vérificateur des poids et mesures, lequel est tenu de prêter serment dans les sept jours de sa nomination, sous peine d'une amende de 5 dollars. En cas de négligence dans l'accomplissement de leur devoir, les selectmen encourent une amende de 10 dollars.

Les selectmen doivent prendre des mesures pour arrêter les progrès des maladies contagieuses et établir des hospices pour la petite vérole. Ils doivent avertir les voyageurs, par des drapeaux rouges, de l'infection, et faire des règlements sanitaires, dont la violation entraîne contre les contrevenants une amende de 4 à 30 livres sterling. Les propriétaires doivent donner avis aux selectmen des personnes infectées dans leurs maisons, sous peine d'une amende de 4 à 30 livres sterl.

Les selectmen doivent faire les règlements pour la

vaccine et l'inoculation. Toute personne qui inoculera ou vaccinera sans autorisation paiera une amende de 40 livres sterl. au plus.

Toute personne venant de l'étranger et reconnue infectée d'une maladie contagieuse pourra être renvoyée de l'État par les selectmen, qui encourront, en cas de négligence, une amende de 100 dollars.

Ceux qui recéleront chez eux les personnes à qui un congé a été donné paieront une amende de 60 dollars.

Le refus d'obtempérer au congé est puni d'une amende de 100 dollars.

Les selectmen veilleront à ce que des maisons et des gardiens soient affectés à la guérison des maladies contagieuses. Les shérifs et les constables assureront l'exécution de leurs ordres.

Ils examineront et garderont les bagages, vêtements et marchandises suspects d'infection.

Ils veilleront à ce que les vaisseaux qui arrivent ayant à bord des personnes infectées soient envoyés au Lazaret. Les capitaines qui refuseront de s'y rendre, si le temps le permet, paieront une amende de 400 dollars, et chaque matelot opposant sera tenu de payer 100 dollars, et subira, s'il ne peut pas payer, un emprisonnement de six mois.

Les médecins qui négligeront d'avertir les selectmen des maladies contagieuses qu'ils soignent paieront une amende de 40 à 100 dollars.

Personne ne peut, sans le consentement des selectmen,

construire ni réparer les égouts sous peine d'une amende de 4 dollars.

Les selectmen doivent empêcher la destruction des bancs d'huîtres et autres poissons à écaille. Les destructeurs paieront 2 dollars par chaque boisseau d'huîtres.

Les selectmen doivent nommer des peseurs et des inspecteurs pour les oignons.

Ils doivent encourager la destruction des loups. Toute personne qui en tuera aura une récompense de 4 liv. st. pour un loup et de 1 livre st. pour un louveteau.

Ils doivent diriger les inspecteurs des grands chemins.

Ils doivent fixer les lieux où on construira les voiles et les agrès des vaisseaux. Les contrevenants à cette prescription seront punis d'une amende de 10 dollars par mois.

Ils doivent autoriser les inhumations. Toute inhumation non autorisée sera punie d'une amende de 1,000 dollars.

Ile doivent, sous des amendes sévères, veiller au règlement de la milice,

Ils doivent nommer les surveillants du pesage des foins. Tout pesage illégal est puni d'une amende de 20 dollars.

Ils doivent autoriser les spectacles de toute nature. Les directeurs de ceux qui paraissent sans autorisation sont punis d'une amende de 200 dollars.

Ils permettent les feux d'artifice. L'amende des contrevenants est de 5 dollars.

### DES ASSESSEURS (*assessors*).

Les *Assesseurs* sont chargés de l'assiette des taxes. Ils sont choisis dans chaque ville au nombre de trois, cinq, sept ou neuf pour répartir les impôts, levés au nom du gouvernement, soit sur la ville, soit sur le comté. Ils doivent s'acquitter de ce devoir dans l'année qui suit leur élection, et, faute par eux de le faire, leurs successeurs en demeurent chargés. Ils prêtent préalablement serment entre les mains du greffier (*town-clerk*) ou du juge de paix (*justice of the peace*). En cas de refus, ils sont condamnés à une amende de 5 livres st., à moins que la cour des sessions n'agrée l'excuse.

Les selectmen convoquent immédiatement l'assemblée de la ville pour faire remplacer les refusants, et sont au besoin, si l'assemblée n'élit pas ou s'il y a nouveau refus, *assessors ex officio*.

En cas de refus soit des *assessors*, soit des *selectmen*, la cour des sessions pourvoit aux vacances en nommant trois tenanciers (*freeholders*) ou un plus grand nombre à qui le mandat d'imposer les taxes est confié, avec les mêmes pouvoirs et les mêmes avantages que la loi confère aux assesseurs.

Les assesseurs notifient aux habitants dans leurs réunions et affichent dans les lieux publics le mandat dont ils sont chargés, et les habitants sont tenus de déclarer leurs biens imposables. Si la déclaration ne paraît pas sincère, les assesseurs sont autorisés à exiger le serment.

Le trésorier (*treasurer*) envoie aux assesseurs les papiers et registres , ainsi que les modèles des actes de cautionnement, d'imposition, etc.

Les assesseurs dressent le rôle des impositions d'après les évaluations des propriétés imposables, et en envoient une copie au *constable* et au *collector* après l'avoir enliassé et enregistré dans les bureaux du greffier (*town-clerk*). Tous les contribuables peuvent en prendre connaissance et réclamer s'il y a lieu. Les assesseurs statuent en premier ressort, et sauf appel à la Cour des sessions. Ceux qui n'ont pas fait de déclaration ne sont pas admis à réclamer, à moins qu'ils n'aient été déclarés excusables.

Les assesseurs peuvent diminuer les taxes en cas de pauvreté, d'infirmité ou de vieillesse, ainsi qu'ils le jugent équitable.

Un acte de 1823 ( chap. 106 sect. 3 ) oblige les assesseurs de chaque paroisse d'établir des taxes pour le culte public, sur toutes les propriétés réelles et personnelles qui ne sont pas exemptes des taxes générales. Les cultes dissidents se soutiennent par eux mêmes sans l'intervention de l'autorité.

Les assesseurs déterminent les districts qui doivent supporter les impôts établis par les villes pour les écoles publiques, et les comités de districts en fixent la destination. Ils ont, pour la réduction ou la décharge des taxes d'école, les mêmes pouvoirs que pour les autres taxes municipales.

Les impôts fixés par les villes pour l'entretien et l'amélioration des grands chemins (*highways*) et des chemins communaux (*townways*), sont répartis, par les assesseurs, dans la même forme que toutes les autres taxes.

Les assesseurs pourvoient aux cas où les collecteurs ne remplissent pas leurs devoirs, et sont obligés de combler le déficit laissé dans leurs caisses. A défaut, par les assesseurs, de payer, le trésorier (*treasurer*) est autorisé à les poursuivre, même par corps, et à réimposer les habitants à concurrence du déficit.

Chaque assesseur doit recevoir du trésorier de la ville quatre schellings par chaque journée entière pendant laquelle il est employé à son service.

A défaut cependant par une ville de choisir des selectmen ou des assesseurs, si, en ce cas, il en a été choisi par la cour des sessions, il leur sera permis de recevoir une somme qui n'excédera pas dix schellings par jour pour chacun.

La responsabilité des assesseurs des cités, des villes, des districts et des paroisses cesse quand ils ne font qu'obéir aux ordres des autorités constituées. Ils ne répondent, dans ce cas, que de leur fidélité et intégrité.

En cas d'imposition illégale le trésorier est tenu de rendre l'argent qu'il a reçu, et les taxes sont imposées sur le reste de la paroisse.

DES PERCEPTEURS DES TAXES (*collectors of taxes*).

Les percepteurs des taxes (*collectors of taxes*) sont

choisis par les mêmes électeurs que les *assessors* ; à leur défaut, ce sont les constables qui reçoivent les taxes.

Si on néglige de choisir le constable ou le collecteur, le shérif du comté ou ses suppléants remplissent cet office.

La loi pourvoit par de minutieuses dispositions au paiement des taxes dues par les propriétaires non résidants, par ceux qui ont quitté le pays, par les insolvables, etc., et en général aux divers cas où le recouvrement de ces taxes éprouve des difficultés.

Un collecteur a le droit de requérir de toute personne sous une amende de 40 schellings, et même d'une prison de 48 heures, infligées par le juge de paix, aide et assistance pour obtenir le paiement des taxes légales.

Les collecteurs sont tenus de donner tous les deux mois aux *selectmen* des villes de leur arrondissement un état de leurs recettes et des paiements faits au trésorier ; les infractions et les fraudes sont punies d'amendes considérables, tarifées par la loi.

La loi met à l'abri des exécutions des percepteurs les armes, les ustensiles de ménage, les outils nécessaires aux occupations du métier, les bêtes de charrue, les instruments d'agriculture, les objets de literie ou de vêtement nécessaires à la famille.

Le percepteur des taxes doit faire connaître par des affiches l'objet, le lieu et le temps des ventes.

Le successeur est tenu d'achever l'œuvre de son prédécesseur et de continuer les fonctions commencées.

Le percepteur n'a aucune surveillance sur les assesseurs, il n'a pas le pouvoir de corriger ou de refuser les rôles de taxes sous prétexte d'erreurs; il est assujetti au contrôle des assesseurs et tenu, sous des amendes sévères, de forcer les contribuables au paiement des impositions; en cas d'excès de pouvoir de la part des *assessors*, il n'y a de recours que contre eux.

La loi prévoit et règle avec soin les cas où le paiement des taxes a été fait ponctuellement, et ceux où le paiement n'a pas été fait dans le temps prescrit et où le crédit du contribuable se trouve douteux; elle règle les moyens à prendre pour recouvrer les arrérages dus, et les amendes auxquelles les déliquants doivent être condamnés.

### DU TRÉSORIER DE LA VILLE (*town treasurer*).

Le trésorier de la ville choisi comme tous les autres officiers dans le meeting annuel, est chargé : 1° de recevoir le montant des taxes et de servir au besoin de percepteur;

2° D'exercer les poursuites relatives aux dégâts faits aux monuments publics;

3° De poursuivre les recouvrements des obligations consenties à ses prédécesseurs;

4° De recevoir les amendes dues à la ville ou aux pauvres;

5° De veiller à l'entretien des poids et mesures.

### DES CONSTABLES (*constables.*)

Les constables sont préposés au maintien de la paix

publique. Ils sont choisis annuellement en mars ou en avril, comme tous les autres officiers municipaux. On ne peut être obligé de servir deux ans de suite dans aucun office de la ville, et toute personne qui a été employée dans un office civil, militaire ou ecclésiastique, ou dans un office de constable ou de collecteur de quelque ville, district, paroisse, dans l'espace de sept ans, n'est pas obligée de servir dans l'office de constable.

Le refus d'une personne qui n'est dans aucun cas d'excuse est puni d'une amende de 5 l. st.

Les constables deviennent *ex officio* percepteurs de taxes, si les villes n'en ont pas nommé.

Les constables sont chargés de mettre à exécution les ordonnances de prises de corps et autres actes de l'autorité.

Ils sont chargés de proclamer le *riot act* (loi contre les attroupements) et de disperser les émeutes; de faire observer le dimanche, d'informer devant le juge de paix du comté contre les blasphémateurs, contre les maisons de jeux, contre les voleurs, et en général de prendre toutes les mesures de police.

Toute personne qui refuse d'obéir à leurs ordres encourt une amende de 60 dollars.

Ils sont chargés de convoquer les habitants au tirage des jurés et d'en publier les listes.

Aucun constable n'a le droit de paraître devant une cour comme avocat ou défenseur d'une partie dans un procès, sous peine d'une amende de 50 dollars.

### DES INSPECTEURS DES LIEUX PUBLICS (*tythingmen*).

Les tythingmen sont des officiers auxiliaires des constables, qui doivent inspecter toutes les maisons autorisées (*licensing*), et dénoncer les blasphémateurs, les ivrognes, ceux qui violent la loi du dimanche.

Si l'entrée d'un lieu public leur est interdite, chaque contrevenant sera puni d'une amende de 40 schellings.

Ceux qui voyagent le dimanche, s'ils refusent de donner des motifs, sont condamnés à une amende de 5 à 20 l. st., et si la raison donnée ne paraît pas suffisante, le juge de paix sera saisi de l'affaire par les *tythingmen* et donnera au grand jury ordre d'informer.

### DES SURVEILLANTS DES PAUVRES (*overseers of the poor*).

L'assistance légale est admise en principe aux États-Unis. Les villes sont obligées de soutenir les pauvres et indigents qui demeurent dans leurs limites et qui sont désignés à cet effet par les surveillants des pauvres. Cette obligation s'étend aux prisonniers pour dettes et aux étrangers qui se trouvent dans un état de dénûment.

Mais quiconque amène un pauvre dans une ville où il n'est pas légalement établi, dans l'intention d'assujettir cette ville à une dépense, encourt une amende de 20 l. st. qui est affectée aux usages de la ville; en outre, les pauvres valides de plus de douze et de moins de soixante jans ne tombent pas à la charge des villes auxquelles ils sont étrangers, quoiqu'ils appartiennent à l'État.

La loi ouvre des recours aux villes qui ont assisté un indigent.

S'agit-il d'un pauvre domicilié? la ville peut agir devant la cour de *Common-pleas* contre les parents qui, aux termes de la loi civile, doivent des aliments. Elle peut aussi, en cas de décès du pauvre assisté, se faire rembourser les dépenses sur les propriétés laissées par le défunt.

S'agit-il d'un prisonnier pour dettes? la ville où est située la prison peut recourir contre la ville où le prisonnier est domicilié et au besoin contre la république ; il en est de même des détenus dans les maisons de correction, mais non des détenus sous des charges criminelles.

S'agit-il d'un pauvre étranger? la ville doit l'assister, soit qu'il ait, soit qu'il n'ait pas de ressources personnelles ; mais elle peut exercer un recours contre la ville où il est domicilié, et celle-ci peut se défendre du recours en prouvant que l'individu assisté est en état de payer.

Une personne établie qui a assisté un pauvre pendant trente jours au moins peut se faire rembourser par la ville, à raison de 1 dollar par semaine, à moins qu'elle ne prouve que la dépense a été plus considérable. Elle n'a aucun recours pour ce qu'elle a donné à un pauvre étranger, à moins qu'elle n'en ait donné avis aux surveillants des pauvres.

Ces surveillants sont élus, chaque année, dans la réunion de mars ou d'avril ; ils sont chargés de rechercher les personnes domiciliées qui ont droit à l'assistance, et les modes de soulagement les plus convenables ; ils dressent la liste des pauvres d'après les règles fixées par la loi; ils doivent veiller aussi au soulagement des étrangers, mais ils n'ont de recours pour le remboursement des dépenses que contre les villes où les assistés sont domiciliés. Ils doivent faire assister même les pauvres étrangers à la république; mais les frais de cette assistance et ceux d'inhumation, s'il y a lieu, doivent être remboursés par la république, sauf le recours en garantie contre la famille de l'assisté, si elle est connue.

Les surveillants des pauvres ont le droit et le devoir de mettre les enfants en apprentissage et les paresseux dans les maisons de travail ou au service. Ils ont la surveillance des maisons mal famées. Ils sont autorisés à exiger des sûretés des passagers à bord des navires qui arrivent de l'étranger. Ils ont le droit de poursuivre pour ou contre les villes toutes les actions fondées sur le statut de 1793.

### DES COMMISSAIRES DE LA SANTÉ (*healt-committee*).

Les officiers chargés de veiller à la santé des habitants (*health of the inhabitant*) sont les *selectmen*. Il y a cependant, dans quelques grandes villes telles que Boston, Salem, Marblehend, Plymouth, Charlestown et Lymen, des comités spéciaux auxquels les droits des selectmen en cette matière sont transférés.

Le choix de ces officiers se fait dans le *meeting* annuel de la ville. On en nomme cinq au moins et neuf au plus. Ils doivent veiller à ce que les odeurs insalubres ne s'exhalent pas des rues, des quais et places publiques. Les amendes, fixées à 100 dollars, seront payées par les contrevenants, et, s'ils ne sont pas connus, par la ville.

Dans chaque port de mer, la ville nomme un officier de santé ou une commission de santé; et ces officiers sont autorisés à soumettre toutes personnes et tous navires à la quarantaine, dans les formes prescrites par la loi.

### DES GARDIENS DU FEU (*fire-wards*).

Chaque année la ville élit, en tel nombre qu'elle juge convenable, des gardiens du feu (*fire-wards*) qui sont tenus d'accepter sous peine d'une amende de 10 dollars à moins qu'ils ne soient excusés. Si un incendie éclate, les gardiens du feu sont tenus de s'y rendre.

S'ils sont obligés de faire des démolitions ou de causer des dommages pour arrêter les progrès de l'incendie, les propriétaires sont indemnisés à la diligence des *select-men* et des assesseurs; l'indemnité n'est due qu'au propriétaire de la maison où le feu a éclaté.

Toute désobéissance aux ordres des gardiens du feu est punie d'une amende de 10 dollars.

Les auteurs des pillages commis dans les incendies sont punis comme voleurs.

Les incendies commis volontairement dans les bois sont punis d'une amende de 10 dollars par contravention; les dommages causés aux particuliers sont réparés.

Les feux de joie allumés à moins de dix mètres des maisons habitées sont punis d'une amende de 8 dollars et d'un emprisonnement d'un mois au plus ; les maîtres et les parents sont responsables du fait de leurs serviteurs et de leurs enfants.

Les feux d'artifices, pétards, serpentaux, tirés sans la permission des *selectmen*, sont punis d'une amende de 5 dollars par chaque contravention.

### DES POMPIERS (*engine-men*).

Les *selectmen* peuvent choisir des pompiers (*engine-men*), quand ils le jugent convenable, en se conformant, quant au nombre et aux conditions, aux prescriptions de la loi.

Les pompiers peuvent être affectés au service des propriétés particulières comme à celui de la ville.

Les pompiers sont autorisés à se réunir annuellement, à choisir un directeur et un secrétaire et à faire des règlements qui sont approuvés par les *selectmen* ; ils sont tenus d'aller sous la direction des *fire-wards* partout où le feu a pris et d'éteindre les incendies.

Les pompiers sont dispensés du jury, de l'office de constables et du service militaire.

Les auteurs des dégâts faits aux pompes à feu sont traduits devant la suprême cour de justice et condamnés à une amende de cinq cents dollars et à un emprisonnement qui ne peut pas excéder deux ans.

Si les *selectmen* négligent de nommer des pompiers, la cour des sessions est autorisée à les nommer elle-même, en nombre fixé par la loi.

DES SURVEILLANTS DES GRANDS CHEMINS (*surveyors of highways*).

Deux ou plusieurs personnes sont élues dans le *meeting* annuel de la ville pour surveiller les grands chemins ; à défaut de remplir cet office, qui ne peut-être exigé qu'un an sur trois, l'amende est de 3 l. sterl.

Les *selectmen* et *assessors* de la ville indiquent aux surveillants des chemins les limites dans lesquelles ils doivent opérer.

Les villes de plus de 800 habitants réparent les grands chemins au moyen d'une taxe qu'elles imposent sur les habitants; elles autorisent les inspecteurs à faire tous les contrats nécessaires aux travaux à effectuer.

Les inspecteurs des grands chemins doivent avertir les personnes taxées pour leur entretien, et transmettre aux *selectmen* et aux *assessors* la liste de ceux qui n'ont payé leurs taxes ni en argent ni en nature.

Les taxes sont perçues par les *selectmen*, qui doivent présenter leurs comptes aux surveillants.

La négligence des villes de lever les taxes nécessaires aux grands chemins (*hig-ways*) et aux chemins communaux (*town-ways*), le refus ou le retard des habitants de payer, sont punis d'amendes considérables.

Quand la somme imposée n'est pas suffisante, l'inspecteur peut du consentement des *selectmen* employer les ouvriers nécessaires et les faire payer par le trésor de la ville; toutes les réparations des chemins doivent être ordonnées de concert par tous les surveillants. Si l'un d'entre eux agissait isolément, il n'aurait pas de reccurs contre la ville.

Les inspecteurs des chemins ont plein pouvoir d'abattre les arbres, arbrisseaux, haies, grillages, barrières, etc. qui encombrent la voie publique et de faire extraire de toute terre non enclose les pierres et graviers nécessaires à la réparation des chemins,

Chaque négligence de l'inspecteur est punie d'une amende de 3 l. sterl.

Si les habitants d'une ville sont condamnés à une amende pour défaut de réparation des grands chemins, et que le défaut de réparation puisse être imputé à la négligence de l'inspecteur, celui-ci est tenu d'indemniser la ville.

### DES INSPECTEURS DES HAIES (*fence-viewers*).

Les inspecteurs des haies sont élus et prêtent serment selon les formes prescrites pour tous les officiers de la ville.

Ils veillent à ce que les haies aient la hauteur fixée par la loi et soient en état convenable. Si les propriétaires négligent des les entretenir et de les réparer, les inspecteurs peuvent les traduire devant les tribunaux.

Ils peuvent, s'ils le jugent convenable, assigner aux propriétaires de haies indivises les portions qu'ils sont tenus d'entretenir.

Ils veillent aussi aux ruisseaux, rivières, étangs et haies qui servent de limites aux héritages.

En cas de contestations entre voisins sur la plantation d'une haie, les inspecteurs statuent, et autorisent le propriétaire qui voudra réparer la haie à faire le travail de son voisin, et à recouvrer le double de ce qu'il aura dépensé.

Les inspecteurs des haies sont chargés en général de tout ce qui est relatif aux réparations et embellissements des enclos soit particuliers, soit publics.

Les inspecteurs négligents encourent pour chaque contravention une amende de 20 schellings, et reçoivent à titre d'indemnité 2 schellings et huit pence par chaque demi-journée ; et s'ils emploient moins d'une demi-journée, il leur est alloué 1 schelling et six pence pour le temps qu'ils auront employé. Cette indemnité est payée par les propriétaires, qui sont tenus du double après trente jours de retard.

DES INSPECTEURS DES CHAMPS (field-drivers).

Les inspecteurs des champs sont élus dans le meeting annuel comme les autres officiers. Ils sont autorisés à arrêter et à mettre en fourrière tous les animaux errants.

La loi fixe des amendes dont le tarif varie en cas de capture, 1° de chevaux, 2° de porcs, 3° de moutons ou brebis, 4° de gros bétail.

Les opposants à l'exécution de l'acte relatif aux animaux errants encourent une amende de 1 à 7 dollars.

Le statut de 1788 ch. 5 section 2, alloue à titre d'indemnité aux inspecteurs 1 schelling par tête de cheval, 6 sous par tête de mouton, de brebis et de cochon.

Les particuliers ont le droit d'avoir des inspecteurs, qui ont les mêmes pouvoirs que les inspecteurs publics.

### DES GARDIENS DE FOURRIÈRES (*pound-keepers*).

Dans chaque ville doit être établie une fourrière au moins (*impouding*) pour enfermer les animaux errants.

Les inspecteurs des bestiaux et les baillis des porcs doivent veiller à la réparation des dommages causés par les animaux errants.

La loi règle en détail les procédures à suivre.

Elle punit sévèrement les effractions commises dans les fourrières, pour en retirer les animaux qui y sont renfermés.

L'indemnité allouée aux gardiens des fourrières (*pound-keepers*) est de 4 sous par tête de cheval et de 2 sous par tête de brebis et de cochon.

### DES BAILLIS POUR LES PORCS (*hog-reeves*).

Deux ou plusieurs *hog-reeves* sont élus chaque année dans le meeting de la ville. Ces officiers sont tenus de faire observer les règlements relatifs aux porcs, de les faire mettre en fourrière et de poursuivre le paiement des amendes, qui sont fixées à 1 schelling pour chaque porc trouvé hors de son enclos, ainsi que des frais de fourrière.

### DES COMMISSAIRES-PRISEURS (*auctionneers*)

Les *auctionneers* (commissaires-priseurs) ont seuls le droit de vendre aux enchères; les marchands qui vendent en cette forme encourent une amende de 600 dollars. Cette prohibition n'est pas applicable aux shérifs, coroners, constables, collecteurs des taxes, exécuteurs et administrateurs, ou toutes autres personnes autorisées par la loi à vendre des marchandises ou terres à la criée.

Le commissaire-priseur encourt une amende de 50 dollars s'il vend des marchandises appartenant à des mineurs ou à des domestiques, ou s'il les vend avant le lever ou après le coucher du soleil.

Le commissaire-priseur est tenu de tenir registre des personnes de qui il a reçu les marchandises et à qui il les a vendues.

Le droit sur le montant des ventes est tarifé par la loi; en cas d'infraction à ses prescriptions, le commissaire priseur est tenu de payer une amende de 500 dollars : il doit donner à cet effet une caution au trésorier; il est tenu de tenir un compte exact de ses ventes et de le transmettre au trésorier avec une déclaration de lui assermentée ; il reçoit 4 % pour tout ce qu'il paie au trésorier.

Des amendes considérables sont infligées par la loi à raison des contraventions et des fraudes commises pour éluder l'exéution de cet acte.

### DES MESUREURS DU BOIS (*measures of wood*).

Les fonctionnaires, chargés de mesurer le bois, sont élus chaque année dans le meeting de la ville.

On est tenu de les employer sous peine d'amende d'un dollar.

La loi détermine avec soin la manière dont doivent êtres faits les chargements de bois mis en vente.

Les selectmen fixent l'indemnité due aux mesureurs par les vendeurs et les acheteurs.

### DU VÉRIFICATEUR DES POIDS ET MESURES (*sealer of weights and measures*).

La loi pourvoit par des détails extrêmement minutieux à tout ce qui concerne la fidélité des poids et mesures. Elle prescrit le mode de pesage et de mesurage selon la nature de la marchandise. Elle soumet à des mesures de police très-rigoureuses tous les pourvoyeurs.

Chaque vérificateur des poids et mesures reçoit du trésorier de la ville les étalons et les sceaux de la ville, et vérifie si les poids et mesures employés par les marchands sont conformes. Ceux qui ne le sont pas sont détruits.

Les contrevenants sont soumis à une amende de dix dollars par chaque contravention. Chaque acte de négligence du vérificateur est punie d'une amende de 5 à 10 dollars.

SURVEILLANTS DES GROS BAGAGES ET INSPECTEURS DES DOUVES ET CERCLES (*surveyors of lumber and viewers and cullers of staves and hoops*).

Chaque ville choisit dans la réunion annuelle des surveillants et mesureurs des planches, douves et cercles qui doivent être exportés. Ces officiers sont tenus de prêter serment, et condamnés, en cas de refus, à une amende de 20 schel. Ils doivent veiller à ce que ces marchandises soient expédiées en bon état.

Aucun bois de pin ne peut être mis à bord d'un navire pour être exporté sans avoir la longueur et la largeur fixées par la loi, sous peine d'une amende.

Mêmes précautions pour les ais destinés à couvrir les toits (*shingles*), pour les planches de sapins (*pine clapboard*); elles doivent être saines, exemptes de défauts et avoir les dimensions requises; pour les planches de chênes blancs (*of staves*), destinées aux foudres ou autres usages, pour les cercles des tonneaux (*hoops*), etc. Les surveillants donnent aux armateurs de navires des certificats attestant le bon état des bois qu'ils sont chargés d'exporter.

Une amende de 12 schellings par mille est infligée aux expéditeurs et aux acheteurs des bois, planches, etc., qui n'ont pas subi l'inspection et reçu le timbre requis.

Les inspecteurs des cercles et douves reçoivent une indemnité de 1 schel. 8 pence par mille pour les douves de barriques, 2 schel. par mille pour les douves de tonneaux, 2 schel. et 4 pence pour les douves de pipes, et 2 schel. et 8 pence pour les douves de foudres.

Les officiers des douanes (*custow-house officers*) doivent veiller à l'exécution de ces dispositions.

Les armateurs des navires sur lesquels les chargements ont été faits sans inspection préalable, sont punis d'une amende de 50 livres sterl. L'amende est de 12 schellings par mille pour tous les objets qui ne sont pas conformes aux prescriptions de la loi.

Tout surveillant des chargements complice de ces infractions est puni d'une amende de 10 livres sterl. par chaque contravention.

Tout contrat relatif à une vente faite en fraude des dispositions de la loi est nul.

### DES SURVEILLANTS ET PRÉPOSÉS AU CHOIX DU POISSON SEC
*(surveyor and cullers of dry fish).*

Il doit être élu dans le meeting annuel de mai un certain nombre d'individus chargés de choisir le poisson salé. Ceux qui s'ingèrent dans ces fonctions paient une amende de 5 livres sterl.

Les capitaines qui auront à bord du poisson qui n'aura pas été choisi légalement, paieront une amende de 6 schellings.

Serment doit être prêté par ceux qui seront chargés de choisir le poisson. Il leur est donné un penny et un demi-penny par les acheteurs pour chaque quintal de poisson vendu.

Cet acte s'applique au poisson mariné, au poisson sec, aux harengs fumés.

### DES INSPECTEURS DE LA CHAUX (*inspectors of lime*).

Ces officiers sont chargés d'inspecter la chaux fabriquée ou vendue dans la ville. Leur inspection est attestée par une marque faite au moyen d'un fer chaud sur les barriques qui contiennent la chaux. Cette marque porte le mot *inspector* et la lettre initiale du propriétaire ou du fabricant. Les inspecteurs de la chaux prélèvent et reçoivent, à titre d'indemnité, 4 ou 5 cents de l'acheteur ou du fabricant.

Les barriques doivent contenir 50 ou 100 gallons chacune et être faites avec des douves, des cercles et des clous, conformes aux prescriptions de la loi.

Une amende de 1 dollar 50 cents est infligée à celui qui vend de la chaux disposée autrement que la loi ne le veut. Moitié de l'amende appartient à la ville, l'autre moitié au dénonciateur. Il en est de même si on mêle de la chaux bien préparée à de la chaux non conforme aux prescriptions de la loi.

### VÉRIFICATEURS DES CUIRS (*scalers of leather*).

Le statut provincial de 1698 a institué ces officiers qui sont chargés de timbrer les bottes, demi-bottes, souliers, escarpins, sandales, pantoufles ou galoches, des lettres initiales du manufacturier. Le timbre est une garantie d'origine et de bonne façon. Le timbre frauduleux est puni d'une amende de cent dollars au plus ou d'un emprisonnement de six mois au plus.

### DE LA MILICE (*militia*).

Les communes sont obligées de faire des provisions de munitions, telles qu'elles sont fixées par les lois, et en cas de négligence, elles sont tenues de payer à la République une amende de 20 à 500 dollars, selon la gravité des cas.

Les *selectmen* sont tenus de veiller à l'équipement des miliciens sous peine d'une amende de 50 dollars.

Ils sont tenus, sous la même peine, de fournir aux troupes les munitions nécessaires.

En cas de menace d'invasion ou d'insurrection, les *selectmen* avertissent les miliciens et veillent à ce qu'ils soient pourvus d'équipements et de munitions, sous peine d'une amende de 200 à 500 dollars.

Ils sont tenus aussi, sous peine de 50 dollars, d'employer l'argent qu'ils ont reçu pour les exemptions.

Ils sont tenus d'inspecter tous les ans les magasins militaires.

Le trésorier de la ville tient un compte séparé de ce qui a été payé pour les exemptions.

### DES PAROISSES ET DES OFFICIERS DE PAROISSES (*parishes and parish-officers*).

Les paroisses ou sociétés religieuses sont des corporations publiques instituées dans un but de piété et de moralité. Toute personne établie dans les limites d'une paroisse peut être imposée pour les frais du culte public. Chacun est libre de choisir la paroisse à laquelle il veut s'attacher.

Les paroisses sont incorporées par des actes législatifs ou par la prescription. Elles ont le droit de choisir leurs officiers, et de régler elles-mêmes leurs affaires ecclésiastiques.

On peut quitter sa paroisse et se réunir à une autre, à la charge de payer les impôts établis avant sa séparation.

Les limites des paroisses sont déterminées par la loi.

Quand la paroisse et la ville sont confondues, toutes les charges de la paroisse retombent sur la ville.

Chaque ville incorporée à une paroisse ou société religieuse est obligée d'avoir au moins un ministre protestant, sous peine d'une amende de 30 à 60 dollars, et en cas de récidive de 60 à 100 dollars, dont la cour de *Common-pleas* prononce la condamnation, et qui est levée dans la forme des impositions ordinaires.

Les paroisses sont obligées de soutenir leurs ministres; elles peuvent faire avec eux tels contrats qu'elles jugent convenables, et les révoquer, s'il y a lieu. L'intervention d'un conseil ecclésiastique est nécessaire dans certains cas et inutile dans d'autres.

Les paroisses sont autorisées à lever des impôts pour tout ce qui se rattache au culte public, sur les membres de cette paroisse, mais non sur les autres habitants. L'imposition est faite parles *assesseurs* et les *selectmen*. Elles peuvent acheter des terres pour les cimetières.

Les assemblées de paroisses sont faites dans les mêmes formes et investies des mêmes droits que les assemblées de villes.

Les mêmes conditions sont exigées des électeurs des paroisses et des électeurs des villes.

Dans la réunion de chaque paroisse on choisit un *secrétaire* (clerk), deux ou plusieurs *assesseurs*, un *trésorier*, un *collecteur*, et autres officiers ordinaires de paroisses.

Les impôts levés pour la réparation des églises et des chapelles sont établis sur les bancs, et avis en est donné par le trésorier au moyen d'une affiche sur la porte extérieure. Faute de paiement les biens sont vendus aux enchères.

### DES ÉCOLES (*schools*).

Chaque ville contenant 50 familles ou propriétaires de maisons doit être pourvue d'un instituteur de lecture, d'écriture, d'orthographe, de grammaire anglaise, de géographie, d'arithmétique et de bonne conduite. L'école doit être ouverte au moins six mois de l'année.

Chaque ville contenant 100 familles doit être pourvue d'instituteurs pour un terme équivalant à 12 mois.

Chaque ville contenant 150 familles doit être pourvue d'instituteurs pour un terme équivalant à 18 mois.

Chaque ville contenant 500 familles doit être pourvue d'instituteurs pour un terme équivalant à 24 mois.

On professera aussi dans ces dernières écoles la morale, l'histoire des États-Unis, la tenue des livres, la géométrie, la trigonométrie et l'algèbre.

Dans les villes de plus de 4,000 âmes, on enseignera en outre le latin, le grec, l'histoire, la logique et la rhétorique.

Le président, les professeurs et les lecteurs de l'Université de Cambridge, des autres Académies et en général de toutes les écoles, s'appliqueront à inculquer dans l'esprit de la jeunesse les principes de piété et de justice, le culte de la vérité, l'amour du pays, l'humanité et la bienveillance universelles, la sobriété, l'industrie, l'économie, la chasteté, la modération, la tempérance et toutes les vertus qui font l'ornement des sociétés humaines et la base des gouvernements républicains.

Les villes doivent fixer dans leurs *meetings* annuels ou extraordinaires les impôts qui doivent être levés pour l'entretien des écoles.

Chaque année, dans le *meeting annuel*, on élira 3, 5 ou 7 personnes formant le comité scolaire (*school committee*). Les villes de plus de 4,000 habitants peuvent ajouter 5 membres au plus au comité.

Le comité des écoles est chargé d'inspecter les instituteurs.

Il délivre aux instituteurs les diplômes qui leur donnent

droit à être indemnisés de leurs services. Il fixe le nombre des écoliers qui doivent être entretenus aux frais de la ville.

La haute école sera visitée tous les trois mois. Le comité veillera à ce qu'elle soit fournie de livres ; il s'enquerra des règles, de la discipline, des habitudes des écoliers, de leurs progrès.

Le comité choisira les livres qui doivent être mis en usage dans les diverses classes et qui seront fournis aux frais des parents, maîtres ou tuteurs des enfants, s'ils en ont le moyen. La ville fournira les livres, et sur la note qui en sera tenue, les assesseurs en ajouteront le montant aux autres impôts de la ville.

Le comité fera connaître tous les ans au secrétaire de la république l'état des sommes payées par la ville pendant l'année qui finit le 1er mai, l'arrondissement de chaque école, le nombre de mois pendant lesquels elle aura été ouverte, ainsi que celui des instituteurs et des institutrices et des élèves des deux sexes, le nombre des écoles particulières et des élèves qui les fréquentent, ainsi que celui des personnes illettrées.

Le secrétaire fournira au comité de chaque ville des registres en blanc que ceux-ci rempliront.

Les selectmen et les comités des écoles doivent user de leur influence pour que tous les enfants fréquentent les écoles.

Les villes peuvent fixer les limites des districts des écoles, mais elles ne sont pas obligées d'en créer, si elles veulent agir autrement. Elles ne peuvent ni détruire les corporations ni changer les contrats qu'elles ont faits avec elles, sans obtenir leur consentement; les districts d'école sont des corporations dont les pouvoirs sont limités et définis comme ceux des corporations municipales.

Les comités peuvent lever des impôts pour la réparation des écoles, pour l'achat ou le louage des maisons qui doivent y être affectées, pour l'achat des terres où elles doivent être établies, et peuvent fixer l'emplacement de ces maisons, procéder et faire procéder aux constructions, réparations, et en général à tout ce qui concerne le régime scolaire.

Les districts d'école peuvent choisir annuellement un comité de prudence (*prudential committee.*)

Ce comité veillera aux besoins matériels de l'école. Il fournira le chauffage et toutes choses nécessaires au comfort des écoliers. Il aidera le comité d'école pour tout ce qui est nécessaire à l'accomplissement de ses devoirs.

La loi fixe la manière de lever les impôts pour la construction, la réparation, le louage et l'ameublement des maisons d'école avec tous les ustensiles nécessaires, et répartit ces impôts entre les villes et les districts.

Toute ville qui refuse ou néglige de pourvoir aux besoins matériels ou moraux des écoles pourra être, à la diligence du comité de prudence, condamnée à une amende de 100 à 200 dollars, dont la condamnation sera prononcée par les tribunaux. Cette amende sera versée entre les mains du trésorier du comté; elle sera employée, à concurrence d'un quart, à l'usage du comté, et sera délivrée, pour le reste, au comité de la ville, et s'il n'y a pas de comité, aux *selectmen*, à l'effet de servir à l'usage des écoles.

Telle est en substance l'administration des *towns* de l'État de Massachussets. Il n'y a pas, on le voit, de conseil municipal : les *meetings* annuels et extraordinaires des habitants en tiennent lieu.

Les électeurs nomment leurs magistrats et les dirigent eux-mêmes dans tout ce qui n'est pas l'exécution des lois de l'État.

Tel est le droit commun pour les villes qui ne sont pas soumises à une administration particulière.

Les fonctions de président du *meeting* (*moderator*) cessent avec lui. Celles du secrétaire de la ville (*town clerk*) sont permanentes.

De nombreux officiers, tous électifs, se partagent les services administratifs : les *selectmen* ont la haute-main et la direction générale; les *assessors*, les *collectors*, le *treasurer* veillent aux finances; les *constables* dirigent la police; les *overseers of the poor* sont chargés de l'assistance; la santé publique est sauvegardée par les *health committee*; les *fire-wards*, les *engine-men* préviennent les ravages du feu; les *surveyors of higways* ont dans leur domaine les chemins; le *fence-viewers* les haies et limites des héritages; les *field drivers*, les *pound-keepers*, les *hog-reeves* ont la police spéciale des animaux. Celle du commerce et de l'industrie, qui se manifeste par une foule de dispositions minutieuses, se partage entre les *auctionneers*, les *measurers of wood*, les *surveyors and cullers of dry fish*, les *sealers of weights and measures*, les *surveyors of lumber*, les *inspectors of lime*, les *sealers of leather*. La milice et les écoles sont aussi dirigées par les villes et par des comités spéciaux.

Le nombre des agents administratifs, déjà si considérable, peut s'étendre à mesure que les services se multiplient : il suffit pour cela que la majorité d'un *meeting* soit d'avis d'en créer de nouveaux.

Les officiers des villes prêtent tous le serment d'office. Aucun ne reçoit de traitement fixe : ils sont payés par des *fees* selon les services qu'ils rendent. Ils sont, en cas de négligence ou de fautes dans l'accomplissement de leurs devoirs, condamnés à des amendes dont le tarif est fixé par la loi.

Dans la création des nouveaux offices les villes n'ont à prendre conseil que des besoins administratifs. Elles n'ont à craindre ni de troubler une hiérarchie qui n'existe pas, ni de grever un budget où les amendes compensent presque les indemnités payées aux officiers.

Ainsi se trouvent remplis ponctuellement, rapidement et à peu de frais, à l'aide d'un système aussi simple que rationnel, les importants et nombreux devoirs de l'administration communale.

# CHAPITRE VII,



Les *selectmen* ne sont pas connus dans l'État de New-
york ; les officiers de villes dans cet État sont l'inspecteur (*supervisor*), le secrétaire (*town-clerk*), les assesseurs (*assessors*), le collecteur (*collector*), les surveillants
des pauvres (*overseers of the poor*), les commissaires des
grands chemins (*commissionners of higways*), les commissaires et inspecteurs des écoles publiques (*commissionners and inspectors of common schools*), et les
constables (*constables*). Tous ces officiers et tous autres
qu'il plaît à la ville de créer sont élus, soit au scrutin,
soit par affirmation ou négation, soit par division, selon
ce qui a été réglé.

Toute personne élue à l'office d'inspecteur, de secrétaire de la ville, d'assesseur, de surveillant des pauvres,
de commissaire des grands chemins, d'officier du sceau,
sera tenue avant d'entrer en fonction, et dix jours après

son élection, de prêter devant le juge de paix ou commissaire des actes (*commissionner of deed*), le serment d'office prescrit par l'art. 6 de la constitution de l'État.

Ce serment sera prêté gratuitement et le juge ou commissaire devant lequel il aura été prêté en dressera et en délivrera le certificat à la personne qui l'aura prêté.

Ce certificat sera transmis au secrétaire de la ville dans le délai de huit jours et sera enregistré à son bureau.

Si l'élu ne prête pas le serment requis, il sera réputé démissionnaire.

Toute personne élue aux fonctions d'inspecteur, de commissaire des grands chemins ou des écoles communales, de *pound-master*, etc., devra, avant d'entrer en fonctions et dix jours après son élection, déclarer par un écrit de sa main et remis au secrétaire de la ville qu'il accepte ces fonctions.

A défaut ou refus de faire cette déclaration, l'élu sera réputé démissionnaire.

Toute personne élue à l'office de collecteur doit, avant d'entrer en fonction et huit jours après avoir reçu avis du montant des taxes qui doivent être levées par lui, envoyer à l'inspecteur de la ville une obligation garantie par une ou plusieurs cautions et qui doit être approuvée par l'inspecteur de la ville, égale au double du montant des impôts qu'elle doit lever en fidèle et loyal collecteur.

L'inspecteur doit, dans l'espace de six jours après l'avoir reçue, déposer cette obligation approuvée par lui dans le bureau du secrétaire du comté, qui l'enregistrera dans un livre spécial de la même manière que les jugements.

Par cette obligation se trouveront affectés les immeubles possédés par le collecteur ou par ses cautions dans tout le comté, de manière à ce que toutes les sommes dues par le collecteur, ainsi que les frais des poursuites dirigées contre lui, se trouvent garantis.

Toute personne élue à l'office de *constable*, avant d'entrer en fonction et huit jours après que son élection lui aura été notifiée, prêtera le serment d'office prescrit par la constitution, et dressera en présence de l'inspecteur ou du secrétaire de la ville, avec une ou plusieurs cautions qui seront approuvées par ledit inspecteur ou secrétaire, un acte écrit par lequel le constable et les cautions devront ensemble ou séparément se soumettre à payer à chaque personne qui y aura droit les sommes d'argent que le constable sera obligé de payer, et pour lesquelles il devra lever la taxe.

L'inspecteur ou le secrétaire de la ville devra enregistrer cet acte avec approbation des cautions qui y seront désignées, et il ordonnera que ce même acte soit déposé au bureau du greffier de la ville, pour servir de garantie de toutes les poursuites qui pourront être faites contre le constable ou ses cautions devant les cours de justice.

Toutes actions contre le constable ou ses cautions seront prescrites deux ans après l'élection.

Toute personne choisie pour l'office de *constable*, qui n'aura pas donné les sûretés ou prêté le serment requis dans le temps fixé par la loi, sera réputée démissionnaire.

Toute personne choisie aux offices d'inspecteur, de

secrétaire de la ville, d'assesseur, de commissaire des grands chemins, de surveillant des pauvres, de maître des fourrières, ou de garde des sceaux, qui refusera ce service, paiera à la ville la somme de 50 dollars.

Toute personne élue aux offices d'inspecteur des écoles publiques, des grands chemins, de maître des fourrières, de garde des sceaux, qui refusera ce service, devra payer à la ville la somme de 10 dollars.

Tout quaker ou réputé quaker élu à l'office d'assesseur ne sera pas soumis à cette amende, s'il affirme, trois jours après avoir reçu l'avis de son élection, que ses scrupules de conscience ne lui permettent pas de remplir cesfonctions.

Cette affirmation sera faite devant l'un des juges de la ville, qui certifiera gratuitement par écrit le jour et l'année où elle est faite, et qui en délivrera certificat, lequel sera enregistré huit jours après au bureau du secrétaire de la ville.

Si un officier de la ville entre en fonctions avant d'avoir prêté serment, il paiera à la ville la somme de 50 dollars.

Les officiers de la ville sont élus pour un an. Ils rempliront leurs fonctions jusqu'à ce qu'ils soient remplacés.

### DES VACANCES DANS LES OFFICES DES VILLES ET DE LA MANIÈRE D'Y POURVOIR.

Si une ville dans sa réunion annuelle néglige d'élire ses officiers, les trois juges de paix seront autorisés à en nommer. Les personnes ainsi choisies occuperont ces offices jusqu'à ce qu'elles aient été remplacées ; elles rempliront les mêmes devoirs et seront sujettes aux mêmes amendes que les personnes élues.

Les juges qui auront fait ces nominations en donneront avis au secrétaire de la ville, qui en donnera lui-même avis aux personnes nommées.

Les juges de paix pourront accepter la démission des officiers nommés, et ils en donneront avis au secrétaire de la ville.

Si une personne élue à l'un des offices d'inspecteur, d'assesseur, de commissaire des grands chemins ou de surveillant des pauvres refuse d'accepter, décède, donne sa démission, quitte la ville ou devient incapable, le secrétaire de la ville, huit jours après l'un de ces événements, convoquera une réunion spéciale de la ville pour pourvoir à la vacance.

Si les électeurs, dans le délai de quinze jours après la vacance, ne pourvoient pas à l'office par une élection dans une assemblée de la ville, l'office sera rempli par les juges de la ville de la manière qu'il a été dit.

Il sera pourvu aux vacances des offices d'inspecteur, d'assesseur, de commissaire des routes, de surveillant des pauvres, par les juges de la ville, de la manière prescrite par le chapitre 40 de ce titre. Il sera pourvu aux vacances de l'office de collecteur de la manière prescrite par le chapitre 13, et aux vacances de l'ofice d'inspecteur des routes de la manière prescrite par le chapitre 16.

Quand il surviendra dans les offices de la ville une

vacance à laquelle les juges de paix sont autorisés à pourvoir, s'il y a moins de trois juges de paix demeurant dans la ville, ils se réuniront aux juges de paix de la ville contiguë, de manière à atteindre le nombre de trois, et ces trois juges pourront ensemble pourvoir à la vacance, comme s'ils étaient chacun juge de la ville où la vacance a eu lieu.

## Des devoirs généraux de certains Officiers des villes et de plusieurs matières concernant ces Officiers.

### DES DEVOIRS DE L'INSPECTEUR (*supervisor*).

L'inspecteur de chaque ville recevra et paiera toutes les sommes levées pour subvenir aux charges publiques, excepté celles qui concernent les grands chemins et ponts, les écoles communes et les pauvres, là où il y a une taxe des pauvres.

Il recouvrera, au nom de la ville ou autrement, s'il le juge nécessaire, les amendes (*penalties*) attribuées par la loi à la ville pour son usage, et pour lesquelles aucun autre n'est chargé du recouvrement.

Il tiendra un compte exact des recettes et des dépenses de toutes les sommes qui entreront dans ses mains en vertu de son office dans un registre spécial tenu aux frais de la ville, et qui sera délivré à son successeur.

Le mardi qui précédera la réunion annuelle de la ville, il donnera aux juges de paix et au secrétaire de la ville le compte de toutes les recettes et de toutes les dépenses.

Les juges de paix et le secrétaire de la ville arrêteront le compte et en délivreront certificat.

L'inspecteur (*supervisor*) de chaque ville sera tenu de se trouver à l'assemblée annuelle des inspecteurs du comté, et à chaque réunion spéciale dont il lui aura été donné avis.

Il recevra tous les comptes qui lui seront présentés contre la ville, et les mettra sous les yeux de ces inspecteurs à leur prochaine réunion.

Il mettra aussi sous les yeux des inspecteurs l'état des sommes qui ont été levées dans la ville, et cet état sera remis au secrétaire de la ville.

Quand l'inspecteur de la ville sera requis par l'intendant général ( *surveyor general*) de dresser un plan de cette ville, il devra, dans les soixante jours de cet ordre, transmettre par une carte ou autrement ce plan à l'inspecteur général. Les dépenses de ce plan seront payées par les différentes villes auxquelles il se rapporte, dans les proportions fixées par les inspecteurs du comté.

Si quelque inspecteur refuse ou néglige de remplir le devoir prescrit dans le paragraphe précédent, il paiera une amende de 50 dollars.

### DEVOIRS DU SECRÉTAIRE DE LA VILLE (*town-clerk*).

Le secrétaire de la ville est chargé de garder tous les registres, livres et papiers de la ville, et il doit enregistrer tous les certificats de serments et autres documents dont la loi ordonne l'enregistrement dans son bureau.

Il transcrira, dans les registres des archives de la ville, les minutes des travaux des assemblées de cette ville, et de tous les règlements qui y auront été faits.

Il délivrera à l'inspecteur, avant la réunion annuelle des inspecteurs du comté, chaque année, un état certifié des votes concernant les contributions émis depuis la dernière réunion, et constatés par les livres de la ville.

Les secrétaires des villes, immédiatement après la proclamation des constables élus ou nommés dans leurs villes respectives, transmettront aux secrétaires de leurs comtés respectifs les noms de ces constables.

Si quelque secrétaire de la ville omet méchamment de faire cet envoi, cette omission sera considérée comme une malversation, et entraînera la condamnation à une amende qui n'excédera pas 10 dollars.

Les copies de tous les papiers enregistrés dans le bureau du secrétaire de la ville et certifiés par lui feront foi dans toutes les cours, comme si les originaux eux-mêmes étaient produits.

### DES ÉPAVES.

Cet article qui renferme les §§ 17 à 29 a trait aux bêtes égarées et aux précautions à prendre pour les garder et les restituer aux propriétaires ou les vendre. Les inspecteurs des haies (*fence viewers*) sont chargés de cette partie des affaires municipales.

### DES CLOTURES.

Cet article qui renferme les §§ 30 à 45 est relatif aux divers systèmes de clôtures, et à la manière de terminer les contestations entre voisins à raison de leurs limites.

### DE L'ASSEMBLÉE DES AUDITEURS DES COMPTES DES VILLES.

Dans chaque ville, l'inspecteur, le secrétaire et les juges de la ville, ou au moins deux de ces juges, constituent l'assemblée des auditeurs chargés de l'examen des comptes des surveillants des pauvres, des commissaires des écoles publiques et des grands chemins, au double point de vue de la recette et de la dépense.

Les paragraphes suivants (47 à 58) règlent la forme de cette assemblée, la manière de rendre les comptes, les pouvoirs des auditeurs, la nature des preuves, les communications à faire à l'assemblée de la ville, le mode de paiement, etc.

### DES INDEMNITÉS (*compensation*) DES OFFICIERS DES VILLES.

Les officiers des villes reçoivent les indemnités suivantes par chaque jour donné par eux au service public dans l'exercice de leurs fonctions respectives :

1. Assesseurs et inspecteurs des élections et scrutateurs du *poll*, — 1 dollar 25 centimes par jour;

2. Commissaires des grands chemins et surveillants des pauvres, — 1 dollar;

Les indemnités des secrétaires des villes et des commissaires des écoles publiques seront fixées dans l'assemblée des inspecteurs du comté ;

Le *pound-master* (maître des fourrières) sera indemnisé de ses services de la manière suivante : pour chaque cheval, âne ou mulet, bœuf, veau ou génisse, 12 cents et demi ; pour chaque brebis ou agneau, 3 cents ; pour chaque cochon, 6 cents.

DES PROCÉDURES LÉGALES EN FAVEUR DES VILLES OU CONTRE ELLES.

Les procédures qui intéressent les villes sont soumises aux règles ordinaires. .

Elles sont faites en leur nom, à moins que les officiers n'aient été autorisés à agir en leur propre nom.

L'inspecteur de la ville suivra ces procédures et en rendra compte à la première séance de l'assemblée de la ville.

Les électeurs et les habitants de la ville peuvent être témoins et jurés dans les affaires où la ville est intéressée, mais non dans celles qui sont intentées au nom de la ville ou contre elle.

Toute action au nom d'une ville doit être portée devant la justice de paix.

Si le montant du dommage causé par un délit sur le territoire de la ville excède 12 dollars 50 cents, il sera établi un impôt pour payer ce dommage dans l'assemblée de la ville.

Lorsque par un décret ou une décision intervenue dans

un procès il y aura lieu à partager les terrains ou autres propriétés communes d'une ville, les droits de la ville seront fixés et établis par la cour devant laquelle le procès aura eu lieu.

Dans les procédures intentées par ou contre les villes, ou par ou contre les officiers au nom de leurs offices, les frais seront recouvrés comme s'il s'agissait de simples particuliers. Les jugements obtenus contre les villes ou contre les officiers des villes agissant au nom des villes seront à la charge de celles-ci, et il sera procédé à la levée des impôts nécessaires pour payer le montant des condamnations prononcées.

DISPOSITIONS DIVERSES D'UNE NATURE GÉNÉRALE.

Des fourrières doivent-être établies dans chaque ville ; l'assemblée de la ville est cependant libre de les supprimer.

Les charges des villes sont les suivantes :

1° Les indemnités des officiers des villes pour les différents services qu'ils peuvent rendre ;

2° Les dépenses éventuelles nécessaires pour l'utilité et le bénéfice des villes ;

3° Les impôts autorisés par l'assemblée de la ville pour quelque projet ;

4° Les sommes affectées par la loi aux services municipaux.

Les comptes des indemnités des officiers des villes et les dépenses éventuelles des villes (excepté pour la recette et le paiement des impôts, (lesquels doivent être réglé par l'assemblée des auditeurs de la ville) doivent être présentés à l'assemblée des inspecteurs du comté.

Les impôts nécessaires au paiement des charges de chaque ville, seront levés sur la propriété imposable de cette ville de la manière prescrite dans le 12e et le 13e chapitre de cette loi.

Il est libre aux habitants de chaque ville d'approprier tout ou partie des fonds qui restent entre les mains des surveillants des pauvres, et de les affecter aux usages qui seront réglés dans l'assemblée de la ville.

Si ces fonds sont affectés à l'usage des écoles publiques, ils seront confiés aux soins et à la surveillance des commissaires des écoles.

En conséquence, les capitaux, titres et hypothèques seront délivrés à ces commissaires, qui pourront exercer toutes actions et poursuites en vertu d'iceux.

Les capitaux, titres, hypothèques affectés aux écoles constitueront un fonds permanent, et leur produit annuel sera appliqué aux besoins de ces écoles, à moins que les habitants de la ville, dans les assemblées annuelles, ne disposent autrement du principal et de l'intérêt.

Les commissaires des écoles sont autorisés à prêter les fonds qui sont parvenus en leurs mains, sur des gages ou hypothèques d'une valeur double des sommes prêtées.

Les intérêts seront distribués aux villes pour être appliqués aux usages des écoles.

Les commissaires rendront compte annuellement, de la manière prescrite par les lois relatives aux comptes des officiers des villes, et ils délivreront à leurs successeurs dans l'office l'argent, les titres et papiers de toute nature relatifs auxdits fonds, et prendront un reçu qui sera enregistré par le secrétaire de la ville.

Les inspecteurs et les juges de paix peuvent employer au plus vingt personnes dans chaque ville pour l'usage des pompes à feu. Ces officiers seront exempts, pendant leur service, des devoirs de la milice, excepté en cas d'invasion ou d'insurrection ; mais aucune compagnie de pompiers ne pourra être formée en vertu de cet acte dans aucune cité ou village érigé en corporation[1].

Chaque compagnie ainsi formée nommera son capitaine et son secrétaire ; elle fera les règlements nécessaires à l'accomplissement de ses devoirs, et pourra imposer des amendes qui n'excéderont pas 5 dollars par chaque contravention, de la manière qui sera jugée convenable.

Ces amendes seront levées au nom du capitaine et dépensées par la compagnie pour la réparation et la conservation de ses pompes et de leurs appareils.

Toutes vacances survenues dans ces compagnies par mort, démission ou autrement, seront remplies par les inspecteurs et les juges de paix.

À l'expiration de leurs charges, les officiers des villes remettent les archives à leurs successeurs, ainsi que l'argent qu'ils ont dans les mains.

En cas de décès, le successeur de l'officier obtiendra

---

[1] Loi de 1832, ch. ccxxii.

cette délivrance de ses héritiers et exécuteurs testamentaires.

En cas de refus ou de négligence des obligations ci-dessus prescrites, il y aura lieu à une amende au profit de la ville de 250 dollars, et le successeur pourra poursuivre la restitution des livres et papiers, de la manière prescrite dans le 6me titre, 5me chapitre de cette loi, et dans les 50e, 51e, 52e, 53e, 54e et 55e paragraphes de ce titre.

DISPOSITIONS LOCALES ET SPÉCIALES.

Ce titre qui renferme les §§ 1 à 20 est relatif à des exceptions locales qu'il est peu intéressant de connaître.

# CHAPITRE VIII.

### De l'administration actuelle des cités (cities).

Les grandes villes des États-Unis ne sont pas gouvernées, comme les petites villes et les bourgs, par la démocratie pure, par le *town-meeting*. Les chartes de New-York [1], de Boston [2] et d'une foule d'autres cités, ont créé et organisé un système de représentation communale analogue à celui qui existe en Europe.

Tout y procède, il est vrai, de l'assemblée générale composée des électeurs qui nomment les officiers des comtés et des communes [3].

Mais, à la différence des *towns*, où la puissance législative est concentrée dans l'assemblée générale des habitants, et où le pouvoir exécutif est dispersé dans les mains

[1] The charter of the city of New-York, 2 avril 1849.
[2] *The Charter and Ordinances of the city Boston*, 1850.
[3] *The Charter of Boston*, § 15, of *New-York*, § 2.

d'une foule d'officiers élus, dans les cités, au contraire, un magistrat unique (*the mayor*) gouverne la ville sous l'autorité de deux assemblées analogues aux deux assemblées politiques : le Congrès et le Sénat.

Ces deux assemblées sont, à New-York, le Comité d'*aldermen* et le Comité d'*aldermen-adjoints*, qui forment ensemble le conseil municipal de la ville.

Le Comité d'aldermen est composé d'un alderman que chaque collége électoral nomme pour deux ans. Le Comité d'aldermen-adjoints est nommé de la même manière, mais seulement pou run an.

A Boston il y a aussi un Comité d'aldermen (*the board of aldermen*) composé de huit personnes, et un conseil plus nombreux, composé de quarante-huit personnes, et nommé conseil général (*common council*). Ce conseil reçoit le nom de conseil de la cité (*the city council*) quand on y joint les autres officiers de la cité.

L'élection du maire et des comités se fait dans la forme accoutumée. Seulement les *select men* ont soin de partager la ville en un certain nombre de districts électoraux, contenant chacun à peu près un égal nombre d'habitants.

Les électeurs se réunissent chaque année dans leurs districts respectifs et élisent au scrutin un président, un secrétaire qui tient un registre exact des votes et le transmet à son successeur, et cinq inspecteurs d'élection choisis parmi les habitants. Le président et les inspecteurs dépouillent, comptent et proclament les votes. Le président, le secrétaire et les inspecteurs ainsi choisis, prêtent respectivement le serment de remplir exactement leurs devoirs relativement aux élections. Ce serment est enregistré dans les archives tenues par le secrétaire.

Le président a la police de l'assemblée et doit réprimer tout trouble et tout acte d'insubordination ou d'inconvenance; il peut appeler à son aide les constables, les officiers de paix et tous citoyens présents. Quiconque refuse son assistance encourt une amende; quiconque trouble l'ordre peut être expulsé et arrêté.

Les électeurs de la cité choisissent le maire, à New-York pour un an, et à Boston pour deux ans. Il est tenu registre exact des votants. Le maire et les aldermen sortants doivent donner avis aux nouveaux élus. En cas de décès, d'incapacité, de refus ou d'absence du maire, on procède à une autre élection, et, en attendant, un maire provisoire est nommé par les *aldermen*.

Les *aldermen*, les *aldermen-adjoints*, et les membres du *common council* sont élus dans la même forme que le maire.

Le maire, les aldermen et les membres du *common council* entrent en charge après avoir prêté le serment d'allégeance, le serment d'office prescrit par la loi, et le serment de soutenir la Constitution de la République. Ce serment doit être reçu par un des juges de la Cour suprême judiciaire ou par l'un des juges de paix.

Les rapports du maire et des conseils ne sont pas les mêmes partout.

A New-York les deux comités d'aldermen et d'aldermen-adjoints ont des pouvoirs égaux et un pouvoir
négatif sur les actes l'un de l'autre : ils agissent dans
tous les cas comme des corps séparés et ne se réunissent
pas en comité unique, sauf en matière de finances.
Chaque comité peut adopter, amender ou rejeter toute loi,
ordonnance ou résolution. Mais aucune loi ne passe si
elle ne réunit pas la majorité des membres élus.

Aucun comité ne s'ajourne pour plus de trois jours, à
moins d'une résolution à laquelle tous deux concou-
rent (§ 5).

La charte de *New-York* contient des dispositions
détaillées qui ne se trouvent pas dans celle de *Boston* sur
la publication par la voie des journaux des ordonnances
des comités relatives à l'amodiation, à la vente, à
l'appropriation des propriétés de la ville, aux recettes
ou aux dépenses, à l'imposition des nouvelles taxes. Le
peuple de *New-York* est appelé à contrôler les décisions
de l'un des comités avant que l'autre n'ait à se prononcer.

Il y a à cet effet un délai nécessaire entre les deux
résolutions, sauf dans les cas d'invasion, d'insurrection
ou d'épidémie (§ 5).

Toute résolution des comités acquiert force de loi,
quand le maire ne l'a pas renvoyée dans le délai de dix
jours après qu'elle lui a été présentée (§ 6).

A New-York, les amendements qu'on juge convenable
de faire à la charte municipale sont soumis à l'assemblée
générale des électeurs, et chacun d'eux inscrit sur son
bulletin : *pour les amendements à la charte, ou contre*

les *amendements à la charte*; l'acte est réputé non avenu, si ces derniers votes l'emportent (§ 29 de l'acte du 2 avril 1849). Il ne paraît pas qu'à Boston le peuple intervienne directement entre le *common council* et l'assemblée législative pour la révision des statuts.

La constitution de Boston est plus aristocratique que celle de New-York; elle concentre la puissance législative dans l'assemblée du corps des aldermen et du *common council*, et la puissance exécutive dans le maire et les *aldermen* réunis. Le maire nomme les officiers de la ville, mais sous l'approbation du conseil des *aldermen*. Le trésorier de la cité doit être choisi, soit dans le comité des *aldermen*, soit dans le *common council* (§ 30). Le maire et les aldermen accordent ensemble les autorisations nécessaires aux taverniers, aux pourvoyeurs, aux détaillants, aux confectionneurs, aux entrepreneurs de spectacles, etc. Le traitement du maire est fixé par le corps des aldermen et par le *common council* réunis en conseil de la cité (*the city council*); il ne doit pas excéder 5000 dollars. Aucun autre émolument ne peut être accordé. Le maire doit, de l'avis et du consentement des aldermen faire exécuter ponctuellement les lois, inspecter la conduite de tous les officiers de la ville, poursuivre et faire punir les actes de négligence ou de fraude; il doit veiller à toutes les parties de l'administration et prendre toutes les mesures de finance, de police, de salubrité, de propreté, de comfort et d'embellissement de la ville.

La puissance législative est concentrée dans l'assemblée réunie du corps des aldermen et du conseil commun.

Le conseil de la cité ainsi constitué peut faire les règlements de communauté et attacher à leur infraction des amendes qui n'excèdent pas vingt dollars. Ces règlements sont exécutoires sans l'approbation d'aucune autorité quelconque, pourvu qu'ils ne soient pas contraires à la Constitution et aux lois de la République. Ils peuvent cependant être annulés par la législature. Le conseil de la cité peut aussi imposer les taxes de villes et de comtés dans les limites fixées par les lois. Il peut approprier les sommes qui en résultent, fixer les dépenses et prendre des mesures pour qu'il en soit tenu compte. Il nomme des assesseurs, s'il le juge nécessaire, ou en confie la nomination soit au maire, soit aux aldermen, soit aux citoyens, selon qu'il le juge le plus convenable. Il peut imposer à tous ceux qui auront le maniement des deniers les conditions et les garanties nécessaires (*charte de Boston*, § 24).

Le conseil de la cité nomme les officiers que les besoins de l'administration lui paraissent exiger et fixe leurs devoirs et leurs droits. Il peut choisir un archiviste (*a register of deed*), quand la cité compose un comté. Il est chargé de surveiller les édifices publics et de veiller à la propreté de la cité. Il peut bailler à ferme et vendre les propriétés de la ville, sauf la halle commune et le temple. Il peut aussi faire des acquisitions pour le bien de la cité (*ibid.*, § 25).

Le conseil de la cité peut nommer des commissaires de la santé (*health commissionners*), ou prescrire telles autres mesures que la santé, la propreté et le comfort de la ville leur paraissent requérir; le tout sauf les changèments introduits par la législature (*ibid.*, § 26).

Le maire et les aldermen et le conseil commun peuvent se réunir en convention et nommer ensemble le trésorier de la cité; dans chaque district électoral, les citoyens nomment un surveillant des pauvres (*overseer of the poor. — Ibid.*, § 27).

Le comité des écoles de la cité de *Boston* se compose du maire, du président du *common-council*, et de vingt quatre autres personnes choisies à raison de deux par district électoral parmi les habitants de la cité. Ce comité a la surintendance des toutes les écoles publiques (*ibid.*, § 28).

Le comité des officiers de finances rend un compte annuel au conseil de la cité, et il est du devoir de ce conseil de publier et de distribuer annuellement, pour l'instruction des citoyens, un état des sommes reçues et dépensées ainsi que de propriétés de la ville (*ibid.*, § 29).

Les deux branches du conseil de la cité doivent se réunir en Convention dans le mois de mai et fixer le nombre des représentants qu'il peut être expédient pour la corporation d'envoyer à la Cour générale (*Court general*) pour cette année. Pendant la durée de cette Convention, le maire, les aldermen et les membres du *common-council* ne peuvent tenir aucun office pour le gouvernement de la cité (§ 31).

Toutes élections de gouverneur, lieutenant gouverneur sénateurs, représentants à la cour générale, représentants au Congrès et de tous autres officiers, seront faites dans les districts respectifs, au temps fixé par la loi. Le secrétaire du district inscrira le nombre des suffrages donnés et les noms des votants. Cet état sera transmis au secrétaire de la cité. Le maire et les aldermen récapituleront et constateront le résultat de l'élection (§ 33).

Avant l'élection de tous officiers quels qu'ils soient, des listes électorales seront dressées et rendues publiques par le maire et les *aldermen*. Quiconque n'y figurera pas ne pourra pas voter. Les inspecteurs de district veilleront à la régularité des élections (§ 33).

Les réunions générales des électeurs, ayant pour objet de s'entendre et de donner des instructions à leurs représentants à l'effet d'obtenir réparation de leurs griefs, ne peuvent avoir lieu sans qu'on en ait donné avis (*warned*) au maire ou aux aldermen, et que la réquisition en ait été faite par 50 électeurs (§ 36).

La forme des autorisations (*warrants*) est réglée par les réglements (*by-laws*) faits par le conseil de la cité (§ 37).

La constitution de la ville de New-York, quoique fondée sur des principes à peu près semblables à ceux de la constitution de Boston, accorde moins de prépondérance à l'élément aristocratique. Elle concentre le pouvoir exécutif dans le maire seul, et ne veut pas que ni le conseil municipal, ni aucun comité, ni aucun membre de comité remplisse des fonctions exécutives de quelque nature qu'elles soient (§ 9). Elle ne permet pas que le conseil municipal ait annuellement plus de trois sessions, et que chacune d'elles ait plus d'un mois de durée. Seulement si une cause urgente détermine la convocation, et sur la demande écrite de la majorité des membres élus de chaque comté, le conseil pent se réunir, à la condition de ne s'occuper que des matières se rapportant à la cause de la réunion ou à celles que le maire jugera à propos de présenter (§ 3).

Les chefs des services administratifs et autres officiers mnnicipaux créés par la loi fonctionnent sous la direction du maire.

1° Il y a un département de la police dont le chef est nommé chef de police (§ 10).

2° Il y a un département des finances qui a le contrôle de toutes les affaires fiscales de la corporation, dont le directeur prend le titre de contrôleur de la ville de New-York, et qui a en outre un premier bureau dont le chef est *receveur des taxes;* un second bureau dont le chef est *percepteur des revenus de la ville*, et un troisième bureau chargé de la réception de l'argent payé au trésor de la ville, et dont le chef porte le nom de chambellan (*chamberlain*) de la ville de New-York (§ 11).

3° Il y a un département exécutif sous le nom de département de la voirie (*street*), qui est chargé de l'ouverture, de l'alignement et du pavage des rues, et est partagé en deux bureaux (§ 12).

4° Il y a un département des réparations et subsides dont le chef porte le nom de commissaire des réparations et subsides (§ 13).

5° Un département pour l'éclairage et le nettoyement des rues (§ 14).

6° Un département pour l'aqueduc de Croton (§ 15).

7° Un département préposé à la santé publique (§ 16).

8° Un département pour les établissements hospitaliers (§ 17).

9° Un département pour les affaires judiciaires (§ 18).

Le conseil municipal peut établir autant d'autres départements qu'il le juge nécessaire pour l'intérêt public, et leur assigner les attributions qu'il croit convenables (§ 19).

Les chefs de tous les départements, excepté celui de l'aqueduc de Croton, sont élus tous les trois ans par le peuple. Ils nomment eux-mêmes, avec l'avis et le consentement du comité des aldermen, les chefs de bureau de leurs services respectifs, à l'exception des chambellans de la ville de New-York, du receveur des taxes et de l'ingénieur en chef des incendies. Ils nomment de la même manière leurs secrétaires et les commis de bureaux. Le maire nomme, de l'avis conforme du comité des aldermen, le chambellan de la ville de New-York, les chefs de l'aqueduc de Croton et le receveur des taxes.

Tout employé de la ville peut être révoqué par une décision, prise concurremment par les deux branches du pouvoir municipal aux deux tiers des voix (§ 20).

# CHAPITRE IX.

## De l'administration actuelle des Comtés (Counties).

Aux États-Unis comme en Angleterre, le comté est un centre administratif intermédiaire entre la commune et l'État, et analogue aux *provinces* de la Belgique, de la Hollande, de l'Espagne, etc., aux *cercles* de l'Allemagne et de la Suisse, aux *arrondissements* et aux *départements* de la France.

### DES COMTÉS DE LA NOUVELLE-ANGLETERRE.

Dans les États mêmes où la vie communale est très-active et où, par conséquent, le comté a moins d'importance, tels que ceux de la Nouvelle-Angleterre, le comté n'est pas seulement une circonscription administrative, c'est un corps politique [1] ayant une existence civile, et capable d'ester en justice, soit en demandant, soit en

[1] Each county shall continue to be a body politic and corporate, for the following purposes, to wit : to sue and be sued; to pur-

défendant, d'acheter et de posséder collectivement, pour l'usage public du comté, soit des terres situées dans ses limites, soit des propriétés mobilières, et de faire tous les contrats qui peuvent s'y rapporter.

Toute propriété réelle ou mobilière transportée aux habitants d'un comté, en la personne de son trésorier ou de tout autre officier, deviendra la propriété du comté, et le transport a le même effet que s'il avait été fait en faveur des habitants du comté ou en nom collectif.

Les commissaires du comté ou autres officiers publics chargés de l'administration du comté peuvent nommer des agents chargés de vendre les immeubles du comté et de faire tous les actes d'aliénation et d'administration.

Chaque comté doit pourvoir aux bâtiments des cours, des prisons, des maisons de correction, des bureaux d'assurance contre l'incendie et autres édifices affectés à l'usage du comté. Ce n'est point, comme pour les villes, l'assemblée des habitants du comté qui règle dans les États de la Nouvelle-Angleterre les impôts nécessaires à ces diverses dépenses ; c'est la cour des sessions qui fixe les impôts dans les limites tracées par la cour générale et d'après les besoins approximatifs du comté. La cour générale peut aussi nommer des agents pour vendre et aliéner les propriétés du comté [1].

chase and hold, for te public use of the county, lands lying whitin its own limits, and uny, personal state ; to make all necessary contrats, and to do all other necessary acts in relation to the property and concerns of the county. (*Maine Statutes*, vol. I, p. 63 et suiv.)

[1] *Laws of Massachussel*, vol. II, p. 194.

Les impôts établis par la cour générale et par la cour des sessions sont répartis par les assesseurs et levés par les collecteurs des taxes, en la forme accoutumée.

La cour des sessions peut nommer les directeurs, les geôliers, les gardiens des prisons et des maisons de correction, et faire les règlements de ces établissements ; elle peut faire arrêter et enfermer les criminels, les vagabonds, les mendiants, les paresseux, les hommes sans conduite, les jongleurs, les nécromanciens, les bohémiens, les servantes revêches, les ivrognes, les filous, les joueurs [1].

Si un prisonnier s'échappe à cause de l'insuffisance de la prison, ou de la négligence du shérif, ou du concierge, le comté est responsable [2], et l'impôt est levé en la forme accoutumée sur les biens des habitants.

### DES COMMISSAIRES DU COMTÉ (*county commissionners*).

Chaque comté a trois commissaires spéciaux. Ils sont élus de trois en trois ans, le premier lundi d'avril, par la réunion des habitants autorisés à voter pour l'élection des représentants à la cour générale. Les *selectmen* comptent les votes et les proclament. Le secrétaire de la ville enregistre le résultat de l'élection et l'envoie, certifié et scellé par les secrétaires, au secrétaire de la cour

---

[1] *Laws of Massachusset*, vol. I, p. 61, 177, 223 ; *Maine Statutes*, vol. I, p. 64.

[2] *Ibid.*

de *Common-pleas*, qui le transmet au comité des contrôleurs (*the board of examiners*). Le comité se réunit le premier mardi qui suit le second lundi d'avril, et il donne avis à ceux qui ont obtenu la majorité. S'il n'y a pas eu de majorité, la réunion nouvelle a lieu dans les vingt jours, et on recommence l'élection jusqu'à ce que le nombre légal des commissaires ait été atteint.

On pourvoit aux vacances par des élections faites en la même forme.

On ne peut pas choisir plus d'un commissaire de comté par chaque ville. S'il y en a plusieurs d'élus, celui qui a obtenu le plus de voix est préféré.

Les commissaires du comté sont élus pour trois ans et doivent prêter serment.

Ils choisissent leur président au scrutin.

Si le comité des contrôleurs, les selectmen ou les secrétaires de la ville négligent de remplir les devoirs qui les concernent au sujet de l'élection des commissaires du comté, chacun deux paiera une amende de 200 dollars.

Les commissaires du comté sont chargés 1° de construire et de réparer les bâtiments des cours de justice, des prisons et autres édifices nécessaires à l'usage des comtés; 2° de construire et de réparer les chemins, de fixer les amendes qui ont trait à cette branche de l'administration ; 3° d'accorder des licences aux cabaretiers, aux détaillants de liqueurs, aux pourvoyeurs de victuailles, et de surveiller en général toutes les maisons autorisées ; 4° de faire l'estimation des dépenses à raison desquelles des impôts doivent être levés sur le comté, et de prendre toutes les mesures nécessaires pour le paiement et l'emploi de ces impôts ; 5° d'examiner et d'apurer tous les comptes relatifs au budget des recettes et des dépenses du comté ; 6° de représenter leurs comtés respectifs, d'avoir soin de leurs propriétés, et de veiller à toutes les affaires qui les concernent, quand il n'y a pas été spécialement pourvu.

Ils doivent examiner les comptes des trésoriers du comté, qui doivent être rendus tous les ans et accompagnés d'un compte approximatif du budget, et d'un compte particulier de tous les droits et honoraires dus aux différents officiers. Ces comptes doivent êtres publiés dans trois jours au plus.

DU COMITÉ DES CONTROLEURS (board of examiners).

Dans chaque comté, le juge des testaments (the judge of probate), l'archiviste des testaments (register of probate), et le secrétaire de la cour de Common-pleas forment le comité des contrôleurs du comté.

Ce comité est chargé d'examiner de temps à autre les comptes des commissaires du comté pour les services rendus par eux ; ces comptes ne doivent être soldés par le trésorier du comté qu'autant qu'ils ont été approuvés par les contrôleurs.

L'indemnité allouée aux contrôleurs est de 4 dollars par jour employés à l'accomplissement de leurs devoirs. Les comptes sont rendus devant le trésorier du comté et approuvés par lui.

DES TRÉSORIERS DU COMTÉ (*county treasurers*).

Les électeurs des représentants à la cour générale nomment, chaque année, en novembre, un trésorier du comté. Le dépouillement des votes est fait par le président et le secrétaire de la ville. Le secrétaire dresse la liste et la transmet cachetée aux commissaires du comté. Ceux-ci font le recensement général et proclament trésorier celui qui a obtenu la majorité.

Le trésorier du comté doit prêter serment devant les commissaires du comté, et donner caution.

Si personne n'a obtenu la majorité, ou en cas de décès ou de démission, les commissaires du comté nomment un suppléant qui est tenu des mêmes obligations.

Il y a incompatibilité entre l'office de trésorier du comté et ceux d'attorney général, d'attorney de district, de membre de la cour de *Common-pleas*, de secrétaire de la même cour, ou de shériff.

Tout l'argent reçu par le trésorier pour le comté est payé par lui selon les ordres des commissaires du comté, sauf les dispositions spéciales de la loi.

Les comptes sont rendus aux commissaires, qui fixent les indemnités dues au trésorier, comme ils le jugent convenable.

Le trésorier exige le paiement des taxes du comté en la forme prescrite au trésorier de la république pour les taxes générales.

Aucune taxe ne peut être imposée sur les villes du

comté avant que le trésorier n'ait rendu ses comptes[1].

Les trésoriers du comté peuvent continuer en leur nom les poursuites faites par leurs prédécesseurs.

### DES SHÉRIFFS DE COMTÉS (*sheriffs of counties*).

Les shériffs de comtés sont nommés pour cinq ans, à moins qu'ils ne soient destitués dans l'intervalle.

C'est le gouverneur assisté de son conseil qui, en cas de vacance, nomme les shériffs et les destitue.

Chaque shériff donne caution au trésorier de la république, selon les règlements faits par la cour de *Common-pleas*, et répond de ses suppléants.

La cour de *Common-pleas* examine chaque année si les sûretés sont suffisantes. En cas d'insuffisance, elle en exige de nouvelles.

En cas de refus ou de négligence, l'amende est de 150 dollars, dont l'*attorney* général poursuit le paiement. Sur le certificat donné par la cour générale, le gouverneur destitue immédiatement le shériff de son office, et lui nomme un successeur.

Quand la caution d'un shériff se trouve engagée au paiement d'un dommage causé à un tiers, celui-ci peut poursuivre, au nom du trésorier du comté, et l'ordonnance se délivre au nom du poursuivant. Les héritiers et représentants du shériff sont tenus des faits du défunt.

[1] *Laws of Machassusset*, p. 256 ;—*Maine Statutes*, p. 69.

Le trésorier est tenu de délivrer à toute personne qui le requerra copie du cautionnement du shériff. Cette copie fait foi en justice. L'apport de l'original peut être ordonné,

Le shériff et ses suppléants signifient et exécutent dans le comté toutes les ordonnances et décisions que l'autorité leur commet.

Les shériffs peuvent faire ces actes dans les causes où sont parties ou intéressés les comtés, villes, paroisses, sociétés religieuses, ou écoles, quoiqu'ils se trouvent eux-mêmes membres de ces corporations.

Ils peuvent exécuter les ordres qu'ils ont dans les mains au moment où ils quittent leur office.

Ils peuvent faire appeler et comparaître les jurés pour estimer les dommages causés par les chemins.

Ils peuvent, dans l'exécution de leur office, pour la conservation de la paix, et pour appréhender les personnes qui l'ont troublée, et ont commis quelque acte criminel, requérir assistance, ainsi qu'il a été dit.

Aucun shériff ne peut être arrêté pour aucun procès, ni pour aucune action civile; on n'a de recours que sur ses biens. En cas d'insuffisance, le créancier peut prévenir le gouverneur, qui destituera l'officier et lui nommera un successeur; alors les actions pourront porter tant sur la personne que sur les biens.

Les fautes commises par le suppléant shériff ou par le garde de la prison après la mort ou la démission du shériff qui l'a nommé, donneront lieu à un recours sur les cautions données par le shériff. Ce recours se prescrira par quatre ans.

Aucun shériff, suppléant shériff ou constable ne peut être attorney ou conseil, ni prendre part à aucun procès par des mémoires ou autrement pour aucune partie. L'amende pour cette contravention est de 50 dollars.

Si quelque shériff, coroner ou constable prend le corps d'une personne décédée sans qu'il y ait eu un procès ou une exécution, il paiera une amende de 500 dollars ou sera emprisonné pour six mois.

Les shériffs ont la garde des prisonniers; ils doivent en tenir registre; ils sont responsables de la remise des prisonniers à leurs successeurs; ils doivent remettre aux nouveaux shériffs les décrets de prise de corps et autres papiers. Le gardien des prisonniers est continué dans son office après le départ du shériff jusqu'à ce que le gouverneur en ait nommé un autre. Quand un prisonnier meurt en prison, son corps doit être livré à ses amis. Les suppléants des shériffs doivent rendre leurs comptes tous les ans. Les shériffs et leurs suppléants reçoivent des indemnités pour les voyages, le service et l'expédition de tous arrêtés, exécutions et *warrants*.

Les shériffs doivent rendre compte de tout l'argent reçu par eux. Il leur est alloué un traitement de 200 à 2,000 dollars, selon l'importance de leurs fonctions. On leur alloue 20 dollars au moins pour la garde des prisonniers.

CORONERS.

Les *coroners* doivent prêter serment et donner caution. La cour de *Common-pleas* examine si cette caution est suffisante et quand il y a lieu de la libérer. L'amende, en cas de négligence, est de 150 dollars par mois. On peut poursuivre sur cette caution, et devant le juge des testaments (*judge of probate*) le paiement des dommages. Le trésorier est tenu de donner à tout requérant copie du cautionnement du *coroner*.

Le *coroner* agit à la place du shériff dans les causes où le shériff est intéressé. Il peut faire toutes les significations et exécutions intéressant les comtés, villes, paroisses, sociétés religieuses ou districts d'écoles, quoiqu'il fasse partie de ces corporations. Pendant les vacances de l'office du shériff le coroner agit pour lui. Les shériffs doivent donner avis de leur nomination au coroner.

### DE L'ARCHIVISTE (*register of deeds*).

Aux réunions annuelles des villes du comté et de cinq en cinq ans, les électeurs qualifiés nomment des archivistes pour le terme de cinq ans. Ces officiers doivent donner caution. Ils tiendront bureau ouvert tous les jours, excepté le dimanche, et veilleront à la garde de tous les registres, papiers et actes concernant le comté, selon les règles prescrites par le 59e chapitre.

Ils veilleront à l'établissement du bureau d'assurance contre l'incendie (*fire proof rooms*).

En cas de négligence ou d'infirmités de corps ou d'esprit, les commissaires du comté peuvent destituer l'archiviste et ordonner que ses papiers soient remis au secrétaire de la cour judiciaire du comté. Ils peuvent, en cas de décès ou de démission de l'archiviste, nommer un archiviste provisoire. Il est procédé alors à de nouvelles élections.

Tous les actes concernant les comtés doivent être écrits sur du papier composé uniquement de toile et bien confectionné. Les archivistes doivent donner la préférence aux papiers de manufacture américaine.

Tels sont les divers officiers qui se partagent l'administration des comtés de la Nouvelle-Angleterre, sous la surveillance et la direction de la cour des sessions et de la cour générale. Les lois du Massachussets [1] ajoutent à cette nomenclature les *attorneys de comtés*, qui sont nommés de la même manière que l'*attorney général* et le *sollicitor général*; ils suppléent ces officiers et remplissent comme eux l'office de ministère public dans toutes les causes où la République ou le comté sont parties, devant la cour de *Common pleas*, la suprême cour judiciaire et la cour municipale. Ils ne peuvent recevoir aucune rétribution particulière pour les services rendus dans les procès civils.

### DES COMTÉS DANS L'ÉTAT DE NEW-YORK.

L'organisation des comtés de l'État de New-York est

[1] *Laws of Massachusset*, vol. II, p. 172.

plus puissante que celle des comtés de la Nouvelle-Angleterre. Les Statuts de New-York[1] consacrent à ces corporations, analogues aux cités et aux villes, au triple point de vue de leur capacité collective, de leurs représentants électifs et de leurs nombreux officiers, un chapitre tout entier qu'il importe d'analyser pour en concevoir une idée précise.

### TITRE Ier.

#### Des Comtés considérés comme personnes collectives.

§ 1. Chaque comté considéré comme personne collective a la capacité

1° De poursuivre et d'être poursuivi de la manière prescrite par la loi;

2° D'acheter et de vendre des terres dans ses limites, pour l'usage de ses habitants, sous le pouvoir de la législature, dans les limites indiquées;

3° De faire des contrats pour l'achat et la vente de ses propriétés, autant que cela peut être nécessaire pour l'exercice de ses pouvoirs collectifs et administratifs;

4° De donner des ordres pour la disposition, le règlement et l'usage de ses propriétés collectives, comme cela est jugé nécessaire aux intérêts des habitants.

§ 2. Le comté ne peut posséder ni exercer d'autres pouvoirs collectifs que ceux qui sont énumérés dans ce

---

[1] *The revised Statutes of the state of New-York*, ch. XII.

chapitre, ou qui sont spécialement donnés par la loi, ou qui sont nécessaires à l'exercice des pouvoirs énumérés ou donnés.

§ 3. Tous actes et procédures pour ou contre le comté dans sa capacité collective doivent être faits au nom du comité des inspecteurs du comté; mais toute cession de terres dans les limites du comté, de quelque manière qu'elle soit faite, pour l'usage ou le bénéfice des habitants, aura le même effet que si elle avait été faite par le comité des inspecteurs,

§ 4. Les pouvoirs du comté considéré comme personne collective doivent être exercés par le comité des inspecteurs de ce comté, ou en conséquence des résolutions adoptées par lui.

### DES EFFETS DE LA DIVISION DU COMTÉ SOUS LE RAPPORT DE SES DROITS COLLECTIFS ET DE SES CAPACITÉS.

§ 5. Quand un comté possesseur de terres sera partagé en deux ou plusieurs comtés, ou changé dans ses limites par l'annexion d'une partie de son territoire à un ou à plusieurs comtés, chaque comté jouira des parties de terre enfermées dans ses limites par l'effet du partage ou du changement opérés.

§ 6. Quand un comté possédant ou ayant droit de posséder de l'argent, des droits et titres, et autres propriétés personnelles, sera partagé ou changé dans ses limites, ses propriétés seront partagées entre les comtés intéressés par les inspecteurs et trésoriers du comté, comme il paraîtra juste et équitable à la majorité. Ils se réuniront, à cet effet, à l'époque prescrite par la loi qui a ordonné le partage ou le changement.

§ 7. Les dettes du comté partagé ou changé dans ses limites seront partagées de la manière prescrite dans le cas précédent, et chaque comté devra en être chargé dans la proportion fixée par le partage.

## TITRE II.

### Des divers droits des Officiers du Comté et de différentes matières qui les concernent.

#### ARTICLE 1er.

##### DE L'ASSEMBLÉE DES INSPECTEURS.

§ 1. Les inspecteurs du comté doivent se réunir tous les ans; ils ont aussi des réunions spéciales.

§ 2. Ce paragraphe indique les lieux où se tiennent les réunions.

§ 3. Temps des réunions.

§ 4. Le comité des inspecteurs de chaque comté dans cet état a le pouvoir, dans les réunions annuelles ou spéciales,

1° De faire les règlements concernant les propriétés collectives du comté, comme il le juge nécessaire;

2° D'examiner et de régler tous les comptes à la charge du comté, et de lever les sommes nécessaires au paiement de ces dépenses;

3° D'écouter les comptes des officiers de la ville et autres personnes contre leurs différentes villes; et de lever les sommes nécessaires au payement de ces dépenses ;

4° De remplir les autres devoirs prescrits par les lois de cet état.

§ 5. Toutes les questions se décident à la majorité des suffrages.

§ 6. Les réunions des inspecteurs du comté sont publiques.

§ 7. Le président élu dans la séance annuelle préside toutes les réunions de l'année. Un président temporaire est élu à son défaut.

§ 8. Le président a le droit de déférer le serment à toute personne, au sujet des matières qui sont de la compétence de l'assemblée.

§ 9. La réunion nommera un secrétaire dont le devoir sera :

1° D'enregistrer dans un livre tenu à cet effet, tous les travaux de l'assemblée ;

2° D'inscrire régulièrement toutes les décisions et résolutions sur les questions concernant la levée et le payement des impôts ;

3° D'enregistrer le vote de chaque inspecteur sur toute question soumise à l'assemblée, si un membre présent le demande ;

4° De conserver et d'enregistrer tous les comptes dressés par l'assemblée.

§ 10. Le secrétaire recevra une indemnité convenable

de ses services, qui sera fixée par l'assemblée des inspecteurs et payée par le comté.

§ 11. Les livres, registres et comptes des assemblées du comté seront déposés entre les mains du secrétaire, et pourront être examinés gratuitement par toutes personnes.

§ 12. Chaque personne pourra se faire délivrer une copie certifiée de ces comptes, moyennant 6 cents (sous) par chaque feuille de cent vingt-huit mots contenus dans la copie.

§ 13. Les inspecteurs du comté doivent veiller à ce que les tribunaux et les prisons soient réparés aux dépens du comté. Les sommes affectées à ces réparations ne doivent pas exéder 500 dollars chaque année.

§ 14. Ils doivent veiller à ce qu'on prépare dans les prisons de leurs comtés respectifs ou ailleurs, aux dépens du comté, des cellules solitaires pour recevoir les condamnés lorsque les cours de justice l'auront déclaré nécessaire.

§ 15. Chaque membre de l'assemblée des inspecteurs aura droit pendant la durée de cette assemblée, à 2 dollars par jour.

§ 16. Si un inspecteur refuse ou néglige d'accomplir les devoirs qui lui sont imposés par la loi comme membre de l'assemblée des inspecteurs, il est obligé pour chaque contravention de payer une amende de 250 dollars.

§ 17. Le maire, le greffier et les *aldermen* de la cité de New-York seront les inspecteurs de la cité et du comté de New-York, et toutes les dispositions de cet article leur seront communes, sauf les dispositions spéciales qui seront réglées par la loi rélative à la cité et au comté de New-York.

## ARTICLE 2.

### DU TRÉSORIER DU COMTÉ.

§ 18. Le trésorier du comté est tenu de donner caution à l'assemblée des inspecteurs du remboursement des sommes qui parviendront en ses mains.

§ 19. Le secrétaire du comté enregistrera cette obligation.

§ 20. Le trésorier du comté rendra toutes les sommes appartenant au comté, quelle qu'en soit l'origine, et paiera ces sommes de la manière prescrite par la loi.

§ 21. Il en gardera le compte dans un registre tenu à cet effet aux frais du comté.

§ 22. Chaque année, au commencement de mars, le trésorier du comté transmettra au contrôleur de cet État (*comptroller of the stat*) le compte exact de toutes les sommes reçues par lui pendant l'année pour amendes, et paiera au trésorier de l'État le montant de ces amendes, déduction faite de ses frais, comme s'il s'agissait des contributions levées par l'État.

§ 23. A la réunion annuelle des inspecteurs, le trésorier du comté leur communiquera ses livres et comptes, et tous les titres qui s'y rapportent.

§ 24. En cas de mort ou de démission du trésorier, tous les livres, comptes et titres lui appartenant seront transmis à son successeur sous le serment du trésorier s'il se retire, et de ses héritiers s'il est décédé.

§ 25. En cas de refus ou négligence de faire cette délivrance, il y aura lieu à une amende de 1,250 dollars.

§ 26. Le trésorier du comté recevra une commission de 1% sur chaque dollar qu'il recevra et paiera, une moitié en recevant et une moitié en payant.

§ 27. Si le trésorier ne remplit pas les obligations qui lui étaient imposées, l'assemblée des inspecteurs sera tenue de le poursuivre sur l'avis des contrôleurs.

§ 28. Toutes les sommes reçues par l'effet de ces poursuites seront appliquées par l'assemblée des inspecteurs à l'usage du comté, à moins que ces sommes n'aient été reçues par le trésorier du comté pour l'usage de l'État, auquel cas ces sommes seront versées dans les mains du trésorier de l'État.

§ 29. Le chambellan (*the chamberlain*) de la cité et du comté de New-York sera considéré comme le chambellan du comté; et les dispositions de cet article lui seront appliquées, à moins qu'il n'existe à son égard des dispositions spéciales dans la loi relative à la cité et au comté de New-York.

### ARTICLE 6.

#### DES OFFICIERS PRÊTEURS ET DES COMMISSAIRES DES PRÊTS.

§ 30. Les commissaires des prêts et les officiers des prêts sont tenus de donner caution.

§§ 31, 32 et 33. La suffisance des garanties est appréciée par les inspecteurs du comté, réunis avec un ou plusieurs juges du comté ; l'obligation est enregistrée par le secrétaire du comté.

Les inspecteurs du comté ont le droit de demander un supplément de garantie.

§ 34. Si l'officier prêteur ou le commissaire des prêts refuse ou néglise de donner les sûretés demandées, il sera pourvu à son remplacement par le gouverneur.

§ 35. Les officiers et les commissaires des prêts dans les différents comtés reçoivent l'argent exigible en principal et intérêt, sur les hypothèques qui sont sous leur garde.

§ 36. Ils peuvent requérir des garanties additionnelles pour l'argent prêté par eux.

§ 37. Si ces garanties sont refusées, les officiers prêteurs et les commissaires peuvent s'adresser à la cour de la chancellerie pour les obtenir.

§ 38. Il peut être défendu par l'assemblée des inspecteurs aux officiers prêteurs ou aux commissaires des prêts de prêter l'argent qu'ils ont dans les mains, et dans ce cas l'argent doit être remis au trésorier de l'État, huit jours après l'avis qui leur en a été donné.

§ 39. S'il n'y a pas d'ordre contraire émané des inspecteurs, les officiers prêteurs et les commissaires des prêts pourront prêter l'argent reçu par eux sous les cautions de leur charge, de la manière prescrite par les lois et avec un intérêt de 7 %.

§ 40. Les comptes sont rendus aux inspecteurs du comté dans leur réunion annuelle.

§ 41. Les inspecteurs dresseront l'état des sommes reçues et prêtées, et transmetteront le certificat par la poste aux contrôleurs de l'État.

§ 42. Le devoir du contrôleur est de signaler les cas dans lesquels les officiers prêteurs et commissaires des prêts sont en défaut.

§ 43. La vente des biens hypothéqués est rendue publique.

§ 44. Ce paragraphe pourvoit au cas où le comté a été divisé depuis la passation du contrat de prêt.

§ 45. Les pouvoirs conférés à l'attorney général par les §§ 4, 5, 6, 7 et 8 du titre VI de ce chapitre, peuvent être étendus aux officiers prêteurs et aux commissaires des prêts.

§ 46. Quand les biens sont vendus au dessous des sommes prêtées, le contrôleur doit, s'il est reconnu qu'ils ne pouvaient pas être vendus plus haut et que le déficit ne provient pas de la négligence des officiers prêteurs ou des commissaires des prêts, décharger leur compte à la condition qu'on lui remettra l'original de l'obligation et les garanties qui s'y rattachent.

§ 47. Application sera faite aux officiers prêteurs et aux commissaires des prêts, du § 46, titre II, ch. XII, première partie des Statuts révisés.

§§ 48 et 49. Si l'argent reste sans emploi dans les mains des officiers prêteurs et des commissaire des prêts, il sera du devoir du contrôleur, sur une preuve satisfaisante qui lui sera produite, de les décharger des intérêts des fonds non employés.

§ 50. En cas de division d'un comté autorisé à prêter par l'acte du 14 mars 1792, s'il y a eu perte essuyée par la faute des officiers prêteurs, cette perte sera supportée par tous les comtés qui composaient originairement le comté partagé.

§ 51. S'il y a eu perte subie par un comté faute de titre et de suffisance de gage, le montant du déficit sera fixé, imposé et levé dans le comté où les biens sont situés, et les inspecteurs de ce comté, à la première réunion annuelle qui aura lieu, ordonneront la levée de cet impôt.

§ 52. Les titres des prêts restent déposés entre les mains du secrétaire du comté, excepté pendant la session annuelle des inspecteurs.

§ 53. Le sens du terme *loan officers* est fixé par l'acte du 14 mars 1792, intitulé : Acte pour prêter de l'argent appartenant à cet État, et pour instituer des officiers prêteur : *new loan officers*.

§ 54. Le contrôleur peut, dans certains cas, relever les commissaires des prêts des fautes commises par eux.

§ 55. Il peut les décharger de la perte de l'hypothèque survenue sans leur faute.

§ 56. En cas de difficultés entre le contrôleur des comptes et quelque officier prêteur ou commissaire des prêts, ceux-ci pourront être mandés et tenus de produire leurs comptes, et, en cas de refus ou de négligence de leur part, il en sera fait rapport au gouverneur et aux inspecteurs du comté.

Si les investigations sont favorables aux officiers prêteurs et aux commissaires, leurs comptes seront déchargés et leurs frais de voyages leur seront remboursés.

§ 57. Les officiers prêteurs remettront les titres aux commissaires.

§ 58. Dispositions spéciales des actes de 1786 et 1792 au sujet des prêts faits par certains comtés.

§ 59. Dispositions relatives au partage d'un comté où un prêt a été fait.

### ARTICLE 4.

#### DES SECRÉTAIRES DES COMTÉS.

§ 60. Le secrétaire de chaque comté a la garde de tous les livres, mémoires, registres, papiers relatifs à l'administration du comté, et veille à ce qu'ils soient bien tenus et conservés.

§ 61. Il tiendra des livres spéciaux pour les contrats et actes hypothécaires et pour tous les autres objets dont il doit être gardé souvenir. Il recevra et enliassera tous les papiers concernant son office.

§ 62. Ce paragraphe fixe les lieux où doivent être établis les secrétariats des comtés : ce sont les lieux consacrés par l'usage ou désignés par le corps des inspecteurs du comté.

§ 63. Dispositions spéciales relatives au comté de Queens.

§ 64. Idem.

§ 65. Dispositions spéciales relatives au comté de *Suffolk*.

§ 66. Chaque secrétaire de comté s'adjoindra un suppléant (*deputies*), et si celui-ci décède, se démet de ses fonctions, perd sa charge, est chassé du comté ou devient incapable d'exécuter les devoirs de son office, un autre est désigné à sa place. Chacune de ces dispositions sera constatée par un écrit du secrétaire du comté, scellée de son cachet et enregistrée dans son bureau.

§ 67. Le secrétaire du comté prêtera, avant d'entrer en fonctions, le serment d'office. En cas d'absence pour cause de maladie ou toute autre, il sera remplacé par son suppléant, excepté pour le cas où il s'agit de statuer sur la validité des sûretés et garanties données par un officier.

§ 69. En cas de vacance de l'office de secrétaire du comté, son suppléant remplira sa charge jusqu'à ce que le successeur ait été nommé et ait prêté le serment requis.

§ 70. Lorsqu'une commission de lettres de surséance arrivera au secrétaire du comté, il devra en donner, aux dépens de l'État, connaissance aux personnes intéressées.

§ 71. Quand une personne nommée à un office dans le comté néglige d'accomplir un devoir qui lui est imposé avant d'entrer en fonctions, il est du devoir du secrétaire du comté d'en avertir le gouverneur.

§ 72. Avant le 15 janvier de chaque année, le secrétaire du comté informera le gouverneur de toutes les personnes désignées aux divers offices de ce comté qui auront prêté serment ou qui auront refusé de le faire, ainsi que de celles qui se seront absentées.

§ 73. Le secrétaire du comté fera rapport à l'*attorney* du district des actes d'omission ou de négligence des officiers afin que l'*attorney* procède, s'il y a lieu, aux poursuites requises par la loi.

§ 74. Les indemnités (*compensation*) dues aux secrétaires des comtés pour leurs services ou dépenses, relatifs aux devoirs prescrits par les trois dernières sections, et les honoraires (*fees*) dus pour avoir enregistré et fait connaître les hypothèques au peuple de cet État, seront fixés par le contrôleur et payés par le trésorier.

§ 75. Le secrétaire du comté fera connaître au contrôleur, le 1er janvier de chaque année, les sociétés religieuses incorporées dans son comté pendant l'année précédente.

§ 76. Il transcrira sur un registre tous les papiers relatifs à son office, et les copies qu'il en délivrera, certifiées par lui et scellées de son cachet, feront, devant toutes cours, la même foi que les originaux.

§ 77. A défaut du secrétaire du comté, si son office est vacant, ou s'il est absent ou incapable, la validité des sûretés données par les officiers du comté sera appréciée par deux juges de la cour du comté.

## ARTICLE 5.

### DES SHÉRIFFS ET DES CORONERS.

§ 78. Toute personne élue à l'office de shériff du

comté prêtera, avant d'entrer en fonctions, sous la garantie de tenanciers (*freeholders*), le serment de remplir son office sans fraude, tromperie ni oppression.

§ 79. La clause pénale sera de 20,000 dollars pour le comté de New-York, et de 10,000 dollars pour tous les autres comtés.

§ 80. La promesse sera enregistrée dans le bureau du secrétaire du comté. Chacune des cautions prêtera serment qu'elle possède les immeubles nécessaires à la garantie, et néanmoins le secrétaire jugera si les sûretés sont suffisantes.

§ 81. Les cautions sont renouvelées chaque année, dans le mois de janvier, selon les règles prescrites pour les cautions originaires.

§ 82. Le shériff de chaque comté désigne un sous-shériff et pourvoit, s'il y a lieu, à son remplacement.

§ 83. Le sous-shériff supplée le shériff en cas d'absence, exerce les mêmes droits, et est tenu aux mêmes devoirs.

§ 84. Tout shériff peut déléguer autant de suppléants (*deputies*) qu'il lui convient.

§ 85. Les sous-shériffs et les suppléants prêtent serment. Les individus qui ne sont désignés que pour un acte particulier n'y sont pas tenus.

§ 86. Les shériffs sont chargés de la police des prisons pour dettes; ils désignent les geôliers et gardiens de ces prisons, et répondent de leurs actes.

§ 87. Les services requis des shériffs au nom de l'État (*statatory provision*) seront acquittés par eux, et par l'intermédiaire du contrôleur, aux frais du trésor.

§ 88. Tout shériff qui ne paiera pas les sommes reçues par lui en vertu de son office, sera arrêté et commis à la garde d'un autre shériff ou d'un ou plusieurs coroners, jusqu'à ce qu'il ait été révoqué de ses fonctions. Le gouverneur sera instruit de ces faits.

§ 89. En cas de vacance d'office, d'absence ou d'incapacité du shériff et du sous-shériff, le premier juge du comté désigne un de ses coroners pour remplir l'office. Cette nomination est écrite et signée par le juge et enregistrée dans le bureau du secrétaire du comté, qui en donne avis au coroner.

§ 90. Le coroner ainsi désigné donnera les cautions, prêtera le serment et remplira toutes les fonctions prescrites au shériff jusqu'à ce qu'on en ait nommé un.

§ 91. Faute d'accomplissement des conditions ci-dessus prescrites, le premier juge du comté désignera un autre coroner, et ainsi de suite.

§ 92. S'il n'y a qu'un coroner dans le comté, c'est lui qui remplira les fonctions de shériff vacantes, sous les conditions ci-dessus prescrites.

§ 93. Faute par lui de s'y conformer, le premier juge du comté désignera quelqu'un pour remplir l'office.

§ 94. Ces nominations seront écrites et scellées par le premier juge, et enregistrées dans le bureau du secrétaire du comté.

§ 95. La personne déléguée donnera les cautions et

prêtera le serment requis dans les six jours qui suivront la nouvelle de sa nomination.

§ 96. Jusqu'à ce que ces conditions préalables aient été remplies, l'office de shériff sera rempli par le coroner.

§ 97. Les sous-shériffs, coroners et autres qui rempliront l'office de shériff, seront tenus des mêmes devoirs et des mêmes peines que les shériffs.

### ARTICLE 6.

#### DES SUBDÉLÉGUÉS (*surrogate*).

§ 98. Les subdélégués sont tenus de prêter, sous le cautionnement de deux ou plusieurs tenanciers, et dans les vingt jours de leur nomination, le serment d'office sous une clause pénale de 10,000 dollars.

§ 99. Le secrétaire du comté apprécie les sûretés données, et, s'il les trouve suffisantes, il les certifie et les enregistre.

### ARTICLE 7.

#### DES ATTORNEYS DE DISTRICT.

§ 100. Les attorneys du district exercent auprès des cours de justice, et doivent assister aux sessions générales qui se tiennent de temps en temps dans les comtés où ils ont été nommés. Ils sont chargés de la recherche et de la poursuite des crimes et délits (*crimes and offences*) dont ces cours doivent connaître.

§ 101. En cas de négligence de l'attorney, la cour peut désigner un attorney ou un conseiller en lois (conseillor at law) pour remplir sa charge.

§ 102. Les attorneys sont tenus de poursuivre, pour toutes amendes et confiscations qui excèdent 50 dollars, à moins que d'autres officiers n'aient été créés à cet effet.

§ 103. Ils délivreront un reçu des amendes qui leur seront payées, et le feront enregistrer dans le bureau du secrétaire du comté.

§ 104. Avant le premier jeudi d'octobre de chaque année, ils remettront au trésorier du comté leurs comptes assermentés, et leur en paieront le reliquat.

§ 105. En cas de négligence, ils seront poursuivis à la diligence des trésoriers.

§ 106. Le traitement de l'attorney du comté de New-York, qui sera fixé et payé par le common-council de cette ville, pourra s'élever de 2,500 à 3,500 dollars. Les attorneys des autres comtés de cet État seront payés par leurs comtés respectifs, sur leurs comptes taxés par des officiers autorisés à cet effet.

## TITRE III.

### Des Procédures légales pour et contre les Comtés.

§ 1. Les procédures entre comtés ou entre comtés et autres corporations ou individus seront jugées de la même manière que les procès ordinaires intéressant les individus ou les corporations.

§ 2. Les poursuites seront faites au nom du corps des inspecteurs, à moins que d'autres officiers ne soient autorisés à agir en leur propre nom et au profit du comté.

§ 3. Le président et le secrétaire du corps des inspecteurs agiront en son nom et en réfèreront à lui dans sa première assemblée.

§ 4. Les habitants du comté pourront être témoins et jurés dans les causes qui intéressent le comté.

§ 5. Les juges de paix connaissent des actions intéressant les comtés, s'ils étaient appelés à en connaître entre particuliers.

§ 6. Les frais des procédures sont à la charge des comtés, et peuvent être exigés d'eux comme ils le seraient de particuliers.


## TITRE IV.

### De quelques Dispositions spéciales.

§ 1. Tous les officiers du comté ou autres personnes qui ont à présenter au corps des inspecteurs un compte de leurs services à l'effet d'en recevoir le paiement, sont tenus d'en dresser l'état écrit.

§ 2. Dans les cas où l'indemnité n'est pas fixée par la loi, l'officier doit indiquer le temps qu'il a employé à l'accomplissement de son devoir.

§ 3. Sont considérées comme charges du comté :

1° Les indemnités dues aux membres du corps des

inspecteurs, à leur secrétaire et au trésorier du comté;

2° Les honoraires de *l'attorney* de district et les dépenses faites par lui pour la poursuite des procès criminels;

3° Les comptes des hérauts (*crieers*) dans les cours du comté, pour leurs services dans les cas criminels;

4° Les indemnités des *shériffs* pour l'arrestation ou la libération des détenus pour crimes dans leurs comités respectifs;

5° Les indemnités allouées par la loi aux *constables* pour leurs services à la cour des archives, et une récompense raisonnable aux *constables* et autres magistrats pour les procédures criminelles, pour l'emprisonnement des accusés et des condamnés, pour les citations données par les *attorneys*, et pour tous autres services rendus dans les procès criminels qui ne sont pas textuellement rétribués par la loi;

6° Les dépenses nécessitées par l'entretien des personnes accusées ou convaincues de crimes, et incarcérées dans les prisons du comté;

7° Les sommes que la loi commande de payer aux poursuivants et aux témoins dans les procédures criminelles;

8° Les comptes des *coroners* du comté pour les dépenses qui ne sont pas à la charge de ceux qui les emploient;

9° L'argent dépensé par un magistrat du comté pour l'exécution des devoirs de sa charge, si une indemnité spéciale n'est pas prévue par la loi;

10° Les comptes des secrétaires du comté, pour les dépenses et les services indiqués dans le 6e chapitre de cet acte;

11° Les comptes pour services rendus par la justice de paix pour le soulagement des pauvres du comté et pour la recherche des indigents qui ont droit à l'assistance;

12° Les sommes dépensées pour l'entretien des maisons des pauvres (*poor-houses*), et des indigents du comté;

13° Les récompenses accordées à ceux qui ont tué des loups ou autres animaux nuisibles;

14° Les sommes affectées aux cours de justice et aux prisons;

15° Les dépenses affectées aux usages actuels du comté, etc.;

16° Toutes autres sommes fixées par la loi pour des projets intéressant le comté et dirigés par les inspecteurs.

17° Les comptes des shériffs, relatifs aux frais des secrétaires des comtés pour les assemblées des *grands jurys* ou pour les *constables*, seront vérifiés par la cour des inspecteurs des comtés respectifs et ne seront pas mis à la charge de l'État.

§ 4. Les comptes pour les charges de comtés de toutes sortes seront présentés au corps des inspecteurs du comté et vérifiés par eux.

§ 5. Les sommes nécessaires au paiement des charges du comté seront levées, en la forme prescrite par la loi, sur les propriétés imposables, et délivrées au trésorier du comté qui doit les payer.

§§ 6 et 7. Dispositinos spéciales à des dépenses faites par le comté de Richmond dans un intérêt sanitaire, et aux deux comtés de Hamilton et de Montgommery.

Nous bornerons là notre analyse des lois administratives des Etats-Unis. Nous croyons en avoir donné une idée suffisante en précisant les attributions des officiers des villes, des cités et des comtés; celles des officiers d'état (*state-officers*) sont plus politiques qu'administratives. Nulle part la décentralisation administrative n'est aussi complète qu'elle l'est aux Etats-Unis.

# CHAPITRE X.



DU DROIT D'ASSOCIATION ET D'INCORPORATION.

Les associations municipales [1] amphictyoniques [2] sont la forme la plus antique de gouvernement. « La même cause, dit Domat, qui a réuni les hommes en société pour subvenir aux besoins de chacun par le concours et l'assistance de beaucoup d'autres, a produit les premières sociétés de villages, bourgs et villes. » Nous lisons dans les Écritures saintes que du sel fut répandu sur le sol où s'étaient élevées des villes. Pausanias et Thucydide ont décrit la création spontanée et le libre gouvernement des villes grecques. Tite-Live nous montre les fondateurs des colonies romaines traçant, vêtus de pourpre, avec un sillon de charrue, la circonférence des villes nouvelles,

[1] Municeps, muneris particeps.
[2] Circonvoisines, Harp., in v° *Amphictyones.*

et inaugurant par des cérémonies empruntées aux Étruriens les libertés municipales. Tacite voit les origines de la constitution des Germains dans la réunion en corps de nation des familles dispersées aux lieux où une fontaine, une prairie, un bois les avait charmées, et dans ces assemblées générales où chaque citoyen libre prenait part à la législation et au gouvernement de l'État [1].

Les corporations municipales antiques se formaient-elles librement par la seule volonté de leurs membres, ou devaient-elles être autorisées?

Le chancelier Kent [2], recherchant les origines et les conditions d'existence des communes américaines, rappelle que les corporations, soit particulières, soit publiques, soit municipales, étaient reconnues et existaient à Rome depuis les plus anciennes époques de la république. « Il résulte, dit-il, d'un passage des Pandectes que les dispositions relatives à cette matière furent copiées des lois de Solon, qui permettait aux sociétés particulières de s'instituer elles-mêmes et à leur plaisir, pourvu que leurs statuts n'eussent rien de contraire aux lois générales. Mais les Romains n'étaient pas aussi indulgents que les Grecs. Toute corporation était réputée *illi-*

---

[1] Nullas Germanorum populis urbes habitari satis notum est, ne pati quidem inter se junctas sedes. Colunt discreti ac diversi, ut fons, ut campus, ut nemus placuit..... De minoribus rebus principes consultant, de majoribus omnes ; ità tamen ut ea quoque quorum penès plebis arbitrium est, apud principes præstractentur. (Tacite, *De moribus Germanorum.*)

[2] Voyez *Commentaries on American law.* New-York, 1848, vol. I, p. 268.—Voyez aussi *Digeste*, 47, 22, 4.

*cile* à Rome quand elle n'avait pas été autorisée par un décret du sénat ou de l'empereur. » Suétone raconte dans la vie de Jules César [1] et d'Auguste [2], qu'ils déclarent dissoutes des sociétés formées sans autorisation. Pline parle dans ses 42e et 43e lettres de l'extrême jalousie du gouvernement de Rome à l'endroit des corporations.

L'esprit municipal et fédératif des sociétés antiques a passé dans le monde moderne. L'histoire de l'Orient nous montre cet esprit en action chez les tribus arabes réunies dans la *Kaaba* pour s'y acquitter de leurs devoirs de religion, et y traiter de leurs affaires communes [3]. L'Europe occidentale l'a reproduit avec éclat dans les républiques de l'Italie et du midi de la France, dans les villes anséatiques, dans les provinces unies du Rhin et des Pays-Bas. Mais c'est surtout en Suisse et dans les États-Unis d'Amérique que cet esprit s'est perpétué.

C'est de la commune, la plus nécessaire et la plus ancienne des associations humaines, que sont nées les deux seules républiques où l'on puisse chercher de nos jours quelques leçons de gouvernement.

« Les républiques de la Suisse, dit M. Cherbuliez [4], ne « sont que des municipalités affranchies de toute dépen-« dance, revêtues des attributs de la souveraineté, épa-« nouies, enfin, en États souverains. » « Les États qui « composent de nos jours l'Union américaine, présentent

---

[1] Cuncta collegia præter antiquitus constituta distraxit (42).
[2] Collegia præter antiqua et legitima dissolvit (32).
[3] *Tableau de l'empire ottoman*, t. III, p. 157, 249.
[4] *De la Démocratie en Suisse*, t. I, p. 8.

« tous, dit M. de Tocqueville [1], quant à l'aspect exté-
« rieur des institutions, le même spectacle. La vie poli-
« tique ou administrative s'y trouve concentrée dans trois
« foyers d'action, qu'on pourrait comparer aux divers
« centres nerveux qui font mouvoir le corps humain. Au
« premier degré se trouve la commune, plus haut le
« comté, enfin l'État. »

Mais en Suisse et aux États-Unis la commune n'existe
comme le municipe romain, comme la commune germanique ou anglo-saxonne, d'où elle dérive, qu'à la condition d'être *reconnue* et *incorporée*.

Tel est donc le double caractère des communes suisses
et américaines : libre association contractée entre leurs
membres, incorporation politique faite par le souverain.

Les communes bourgeoises [2] de la Suisse ont été dans
l'origine des associations militaires, formées pour la défense commune et érigées en personnes civiles par l'assemblée générale, par le gouvernement central de l'État.

Les villes et les cités américaines ont eu pour principe des *colonies* spontanément formées et *incorporées*,
selon les principes de la législation anglaise [3], d'abord
par le parlement et la couronne d'Angleterre, et depuis
la conquête de l'Indépendance par les législateurs de
chaque État de l'Union [4]. « Le mot *corporation*, dit un

[1] *De la Démocratie en Amérique*, t. I, p. 70.
[2] Burg, citadelle, lieu fortifié.
[3] Blackstone, *Lois anglaises*, t. II, p. 265.
[4] Kent's, *Commentaries*, vol. II, lecture 33, *of Corporations*,
p. 267.

publiciste des États-Unis [1], est souvent synonyme de communauté investie d'une grande autorité civile. Une communauté de cette sorte est quelquefois nommée corporation *politique*, quelquefois corporation *municipale*, quelquefois encore corporation *publique*. Elle est généralement appelée *publique*, lorsqu'elle a pour objet le gouvernement d'une portion de l'État. Toutes les corporations municipales sont des corps publics et politiques. »

DU DROIT DE CITÉ ET DE LIBRE ÉTABLISSEMENT.

Les corporations municipales ont le droit de choisir leurs membres, sauf le contrôle du gouvernement; et tout en respectant le droit de libre établissement de la part des compatriotes et même des étrangers, elles peuvent exiger de ceux qui s'établissent au milieu d'elles les garanties nécessaires pour assurer l'ordre, la paix, la moralité des populations.

De là ces registres matricules où doivent être inscrits, jour par jour, tous les phénomènes de l'état civil, moral et politique des habitants de la commune. Ces registres existaient dans l'antiquité la plus reculée. En Égypte chaque ville avait un registre ouvert où chaque habitant était tenu d'écrire son nom, sa demeure, sa profession, et d'où il tirait de quoi vivre. A Athènes, Solon avait dit : que chacun déclare tous les ans au gouvernement des

---

[1] Joseph Angell, *The Trealess upon law of the Corporations.* Boston, 1848.

provinces de quoi il vit; qui ne le fera pas ou vivra d'un commerce illégitime sera condamné à mort. A Rome les censeurs avaient pour principale mission de recenser les citoyens par tribus, par cens, par races, par ordres, et de conserver précieusement le grand livre de la vie publique. Il y a dans toutes les villes suisses[1] des registres où doivent être inscrits les bourgeois et les habitants. Ces registres ont une grande importance, 1° comme base du droit de cité cantonal, en ce sens que, pour être citoyen de l'État, il faut être bourgeois d'une commune de cet État; 2° comme donnant le droit de voter dans la commune d'origine; 3° comme base des droits de propriété et de jouissance des biens communaux; 4° comme base des registres de l'état civil. En France, disait il y a peu de temps M. Bloesch[2], la tenue des registres de nais-

---

[1] Il est établi dans chaque commune deux registres civiques uniformes, selon les formules qui seront données par le conseil d'État.

Dans le premier, sont portés d'office, par les conseils communaux, tous les bourgeois citoyens actifs qui, aux termes de l'art. 3, § 1, ont droit d'assister aux assemblées

Dans le second, sont inscrits les Fribourgeois et autres citoyens qui, aux termes du précédent article, § 2, ont le droit d'assister aux assemblées électorales.

Le citoyen qui quitte une commune pour s'établir dans une autre doit faire inscrire son établissement auprès du conseil communal de l'endroit qu'il quitte et de celui où il s'établit. (*Loi communale de Fribourg*, articles 5 et 6.—Voyez aussi *Loi bernoise*, article 16., etc.

[2] *Rapport sur les affaires communales du canton de Berne*, 1851, p. 43.

sance, de mariage et de décès est parfaitement bien réglée ; mais ces registres n'ont pas de base certaine. Comme en France, le droit d'origine n'existe pas, les naissances, les mariages, les décès ne sont inscrits qu'au lieu du domicile ; mais le domicile change, de sorte qu'il arrive naturellement que souvent, au bout d'un petit nombre d'années, il est difficile, sinon impossible, de produire des pièces de légitimation. Il n'en est pas de même en Suisse, où l'inscription se fait toujours au domicile en même temps qu'au lieu de bourgeoisie. Comme ce dernier endroit est connu, il suffit pour établir l'état civil de tous les citoyens, que les registres soient bien tenus. » La loi communale française qui s'élabore obviera sans doute aux inconvénients signalés par M Bloesch en décrétant la création dans toutes les communes d'un registre matricule où seront inscrits tous les membres de la corporation municipale, avec l'indication de leur domicile d'origine et de toutes les transformations qu'il aura subies.

Ce registre, où doivent figurer aussi les veuves, les femmes séparées de corps, les étrangers admis par autorisation du gouvernement à établir leur domicile en France, et qui auront résidé pendant deux ou trois ans dans la commune, deviendra, il faut l'espérer, un puissant moyen de régénération de nos communes autrefois si libres, maintenant livrées au bon plaisir des ministres et des préfets.

Le droit de cité et le droit de libre établissement ont donné lieu, en Suisse et dans presque tous les États de l'Europe, à de longs et violents débats. Ces garanties toutes morales ont tour à tour servi d'instrument au monopole des bourgeoisies closes et aux usurpations des gouvernements qui, dans des vues tantôt fiscales, tantôt despotiques, se sont arrogé le droit de s'immiscer dans le choix des membres et des officiers des corporations. Ces questions si controversées, si ardentes en Suisse, où les populations resserrées dans un petit territoire tendent à se défendre contre l'invasion des étrangers, sont presque inconnues aux États-Unis, qui sont une immense patrie ouverte aux émigrants de tout l'univers. On ne trouve ni dans les textes, ni dans les commentaires des lois américaines, d'autres dispositions sur ce point que celles qui chargent les selectmen, les assesseurs et autres officiers des villes du soin d'immatriculer dans les registres de la cité tous ceux qui ont acquis le droit de participer aux élections des officiers de villes, des officiers de comtés et des officiers d'État. Toutefois dans les États, même les plus démocratiques, les conditions du droit de cité consistent à n'être ni légalement assisté, ni en tutelle, à avoir demeuré pendant le temps fixé par la loi, et qui varie selon les lieux, soit dans l'État, soit dans la ville ; à avoir payé, pendant les deux ans qui ont précédé l'élection, une taxe d'État ou de comté, si ou n'en a été dispensé ; et c'est aux officiers des villes, sans aucun recours possible devant les tribunaux à juger si ces conditions ont été ou non accomplies. Or, qu'est-ce que cet ensemble de garanties sociales, sinon le droit de bourgeoisie, tel que l'a consacré de temps immémorial le vieux droit public de l'Europe calqué sur les institutions des républiques de l'antiquité[1].

Quant à la Suisse, les révolutions de son droit de bourgeoisie sont en quelque sorte toute son histoire : c'est pour le conserver que les paysans et les bourgeois se sont armés contre les seigneurs et ont établi sur les ruines de la féodalité vaincue leurs républiques fédératives. C'est pour le maintenir, en l'étendant outre mesure, que les *bourgeois* ont mis plus tard obstacle au libre établissement, au libre exercice des industries. Cet obstacle n'existe pas partout. « Dans plus d'un canton, disait, il y a dix ans, M. Rossi dans son rapport sur la révision du Pacte fédéral, les Suisses ne rencontrent aucune difficulté pour leur établissement, quels que soient leurs lieux d'origine, leur langue, leur religion, leur industrie. Des milliers de Suisses de toutes les professions qui y demeurent paisiblement, travaillent, possèdent, achètent, vendent et spéculent, sont un témoignage irrécusable de la différence qui existe à cet égard entre canton et canton : les uns, fidèles à l'esprit fédéral, en suivent les préceptes ; les autres les éludent et, en les éludant ils sontvictimes d'une erreur. Le libre établissement ne protégeant ni les hommes immoraux ni les mendiants, ces hommes repoussent l'industrie, les capitaux et le travail productif, qui est aussi une source de richesse nationale.

---

[1] Voyez le *Traité de l'administration intérieure de la France,* t. I, p. 93 et suiv., et l'*Appendice,* t. II p., 337 et suiv.

Les idées de M. Rossi ont prévalu dans la Constitution du 12 septembre 1848. « La Confédération, dit l'art. 41 de cette Constitution, garantit à tous les Suisses de l'une des Confessions chrétiennes le droit de s'établir librement dans toute l'étendue du territoire suisse, à la charge de produire un acte d'origine ou une autre pièce équivalente, un certificat de bonnes mœurs, une attestation qu'il jouit des droits civiques et qu'il n'est pas légalement flétri, et à la charge encore de prouver, s'il en est requis, qu'il est en état de s'entretenir lui et sa famille par sa fortune, sa profession ou son travail. » Mais, quoique entouré de toutes ces garanties, le droit de libre établissement n'implique pas le droit de cité : « En s'établissant dans un autre canton, dit le même article, § 4, le Suisse entre en jouissance de tous les droits du citoyen du canton, *à l'exception de celui de voter dans les affaires communales et de la participation aux biens des communes et des corporations.* » Depuis, comme avant la Constitution de 1848, on n'est citoyen du canton qu'autant qu'on est bourgeois d'une commune de ce canton. Le droit de bourgeoisie locale qui doit être conféré par l'assemblée communale, sauf recours au conseil d'Etat, est la base du droit de cité cantonal, en ce sens que, pour être citoyen du canton, il faut être bourgeois d'une commune de ce canton. C'est ce droit qui autorise à voter dans la commune d'origine; c'est ce droit qui permet de prendre part à la jouissance des biens communaux ; c'est ce droit qui sert de base aux registres de l'état-civil. Le droit de bourgeoisie communale est la source de tous les droits politiques et civils qui confèrent en Suisse la qualité de citoyen. C'est l'ancre de la Suisse : ce sera son moyen de salut, pourvu que, fidèle au but et à l'esprit de l'institution, on n'en fasse pas un instrument d'oligarchie et de despotisme. On va trop loin sans doute dans les cantons, où, par esprit soit de monopole industriel, soit d'intolérance religieuse, on s'obstine à interdire à tous d'une manière absolue l'accès du droit de cité; mais est-ce une raison pour rendre la réception des bourgeois obligatoire, comme l'ont décidé les gouvernements de Fribourg, de Zurich et de Soleure? Dans la plupart des cantons, même dans ceux où l'esprit des idées nouvelles a fait des progrès, on en juge autrement et l'on maintient aux assemblées communales le droit d'apprécier elles-mêmes, sauf le contrôle du conseil d'État, si les garanties morales et matérielles des aspirants sont suffisantes pour les faire admettre à l'exercice du droit de cité.

## DE L'ÉLECTION ET DU SUFFRAGE UNIVERSEL.

Concours de tous les *citoyens* à l'administration locale, tel est le troisième caractère des corporations municipales de la Suisse et des États-Unis; et ceci nous amène à parler des avantages et des inconvénients du suffrage universel, tel qu'il est organisé dans ces deux républiques fédératives.

Appliqué aux élections politiques le suffrage universel

et direct produit en Suisse et en Amérique de mauvais effets.

Les élections fédérales et la plupart des élections cantonales, faites depuis la constitution du 12 septembre 1848, qui a consacré ce dangereux principe, et sous l'empire de la loi du 21 décembre 1850 qui l'a organisé, ces élections ont été et seront de plus en plus radicales et démagogiques. La Suisse sera agitée et en proie aux révolutions jusqu'à ce que les conservateurs aient ressaisi dans leurs cantons l'influence nécessaire pour rétablir le système de l'élection à deux degrés.

Les dangers du vote universel et direct appliqué aux élections politiques avaient été déjà signalés par un publiciste éminent.

« Lorsque vous entrez dans la salle des représentants à Washington, dit M. de Tocqueville, vous vous sentez frappé de l'aspect vulgaire de cette grande assemblée. L'œil cherche souvent en vain dans son sein un homme célèbre. Presque tous ses membres sont des personnages obscurs, dont le nom ne fournit aucune image à la pensée. Ce sont pour la plupart des avocats de village, des commerçants, ou même des hommes appartenant aux dernières classes. Dans un pays où l'instruction est presque universellement répandue, on dit que les représentants du peuple ne savent pas toujours correctement écrire.

« A deux pas de là s'ouvre la salle du sénat, dont l'étroite enceinte renferme une grande partie des célébrités de l'Amérique. A peine y aperçoit-on un seul homme qui ne rappelle l'idée d'une illustration récente.

17.

Ce sont d'éloquents avocats, des généraux distingués, d'habiles magistrats, ou des hommes d'Etat connus. Toutes les paroles qui s'échappent de cette assemblée feraient honneur aux plus grands débats parlementaires d'Europe.

« D'où vient ce bizarre contraste? Pourquoi l'élite de la nation se trouve-t-elle dans cette salle plutôt que dans cette autre? Pourquoi la première assemblée réunit-elle tant d'éléments vulgaires, lorsque la seconde semble avoir le monopole des talents et des lumières? L'une et l'autre cependant émanent du peuple, l'une et l'autre sont le produit du suffrage universel, et nulle voix jusqu'à présent ne s'est élevée en Amérique pour soutenir que le sénat fût ennemi des intérêts populaires. D'où vient donc une si énorme différence? Je ne vois qu'un seul fait qui l'explique : l'élection qui produit la Chambre des représentants est directe; celle dont le sénat émane est soumise à deux degrés. »

Les inconvénients du vote universel direct, en matière politique, ne sont pas totalement étrangers aux élections communales. Là aussi se font sentir les vices inhérents à tout système d'élection directe; l'antagonisme de ceux qui possèdent et de ceux qui ne possèdent pas, les coalitions formées sous les inspirations de l'envie, les charlatans et les sycophantes éclipsant les hommes d'un mérite modeste et les supplantant dans la confiance d'un peuple crédule et ignorant. Cependant, telle est la puissance des influences locales et des rapports de bon voisinage, que les populations, momentanément égarées, reviennent à la longue à ceux qui leur veulent et leur font du bien. Un conseil municipal, un conseil général, formés d'après les mêmes listes que le conseil national, sont en général animés d'un esprit plus conservateur.

« Si les formes démocratiques peuvent être appliquées quelque part sans inconvénient et sans danger, c'est dans le gouvernement des communes, dit un adversaire de la démocratie politique, M. Cherbulliez [1]. Les intérêts locaux sont de ceux que les masses comprennent. Les questions que ces intérêts font naître sont en général de celles que le peuple est capable de traiter, parce qu'il en connaît les éléments, et parce que la solution qu'elles reçoivent doit avoir une influence immédiate sur son bien-être. D'ailleurs, cette solution devant toujours se rattacher à des principes généraux posés par les lois de l'État, il ne s'agit guère pour la commune que de sanctionner l'application qui a été faite de ces lois, d'après les besoins de la localité, par les autorités communales. Enfin, l'élection de ces autorités, étant faite par un collège unique, peut toujours être l'expression vraie de la majorité. Il n'y a point lieu ici à ce fractionnement de l'élection, qui a pour effet de vicier le système représentatif dans son principe et de faire du suffrage universel une déception.

« La démocratie s'introduit-elle dans le gouvernement de l'État même, j'y vois un motif de plus pour désirer qu'elle soit et surtout qu'elle ait été auparavant dans les communes; car le gouvernement des intérêts locaux dé-

[1] *De la Démocratie en Suisse*, t. I, p. 215.

vient alors comme une école préparatoire où le peuple se forme à l'exercice de la souveraineté, s'accoutume aux formes et aux garanties dont cet exercice doit être entouré, apprend enfin à connaître soit ses propres intérêts, soit les hommes qui sont capables de le représenter dans la législature de l'État. »

Les franchises municipales conviennent à tous les peuples. à toutes les formes de gouvernement, car elles tiennent à la nature la plus intime des choses. Toutefois, une monarchie, une aristocratie, peut trouver, dans les forces organisées, hiérarchisées, disciplinées par le gouvernement, un moyen de maintenir l'ordre sans tomber dans le despotisme. Dans une démocratie, il en est tout autrement. Là toute garantie sociale doit sortir des entrailles du peuple, et c'est au foyer domestique, au cœur même de la cité qu'il faut chercher les vraies inspirations populaires[1].

Le type du pire des despotismes, du despotisme des multitudes, c'est la centralisation d'un état démocratique.

---

[1] Si, même dans un état despotique, une bonne organisation communale ne laisse pas d'exercer une influence notable sur la prospérité publique, dans un état démocratique elle est la condition essentielle de toute activité efficace et même la base des institutions publiques ; car la république ne peut exister sans le concours actif de la généralité du peuple. Le despotisme peut se passer de la commune, parce que sous un régime despotique toute l'activité émane du chef de l'État; dans une république elle est indispensable, parce qu'ici, au contraire, la vie publique monte de la base au sommet. (*Rapport de M. Bloesch, sur les affaires communales du canton de Berne.*)

La tyrannie d'un roi, ou même d'un corps aristocratique,
peut être modérée ou fléchie; celle du peuple est toujours
violente et inflexible. Le parti vainqueur opprime impi-
toyablement le parti vaincu, jusqu'à ce que, par l'effet
d'une révolution nouvelle, il soit lui-même écrasé par la
réaction de son ennemi. Que si le parti dominant est
celui de la démagogie, on peut s'attendre à voir le principe de l'égalité, le seul auquel il tienne, se traduire en
multiplication de fonctions salariées, en accaparement
insatiable de places, et en impôts prélevés sous toutes les
formes sur la fortune territoriale et mobilière.

Toute révolution démocratique qui aboutit à une répu-
publique unitaire, met la nation sous le joug des meneurs
du peuple de sa capitale; et si dans des circonstances
suprêmes, l'énergie des passions populaires peut lui
fournir, comme en France en 1793, un moyen de salut
contre une coalition formidable; en temps normal, en
temps de paix, elle ne trouvera dans cette fausse démocratie que tyrannie et spoliation.

Il ne reste à un pays travaillé par la démagogie,
qu'une ressource : c'est de rechercher et de féconder
tous les débris d'organisation municipale qu'il récèle
dans son sein,

Les administrations locales ont été justement comparées à des écueils cachés qui retardent ou divisent le flot
de la volonté populaire. Ne cherchez pas ailleurs le
moyen d'échapper aux *Pisistratides*, ce terme fatal des
Etats qui ont usé toutes les ressources de la vie morale,
et qui ne trouvent de refuge contre la démagogie que

dans la force muette, aveugle de l'autorité militaire, se substituant elle-même au gré du caprice, de l'audace, de l'habileté, de la fortune des prétoriens.

En Suisse et aux États-Unis, l'expérience a prouvé que la démocratie communale est non-seulement le complément nécessaire, mais le correctif le plus énergique de la démocratie politique.

Le droit de bourgeoisie est l'âme de la commune suisse. On tient partout à cette antique et salutaire tradition. Les biens des bourgeoisies, dont la valeur est presque partout relativement considérable, produisent des revenus affectés aux besoins publics. Pour conserver ces revenus les *habitants* ont dû faire des concessions aux *bourgeois*. La pensée de leur accorder la majorité dans les conseils et dans les offices communaux, déjà adoptée dans quelques cantons, se propage dans les autres. Ce n'est pas là seulement une affaire d'intérêt. Les notabilités locales jouissent en Suisse d'une considération traditionnelle fondée sur les services rendus à la cité par elles ou par leurs ancêtres. C'est par les conseils communaux, où leur influence n'a pas cessé d'être prépondérante, qu'elles reprendront dans les grands conseils les positions politiques d'où la démagogie les a fait momentanément déchoir.

Des raisons analogues atténuent, aux États-Unis, les mauvais effets que pourrait produire le suffrage universel direct.

Dans les villes, il n'y a pas de conseil municipal permanent. C'est un aliment de moins à l'envie qui anime les classes les plus nombreuses de la société contre les *aristocrates*, et qui les excite à les expulser des assemblées communales. Les fonctions publiques ne sont pas, comme en France, une carrière lucrative; elles ne sont ni inamovibles, ni même viagères; elles ne forment pas une caste puissamment hiérarchisée, jouissant pendant son exercice de la garantie constitutionnelle et d'un traitement fixe, et, après un certain temps, d'une pension de retraite. Les officiers de villes (*town-officers*) sont renouvelés tous les ans. Les chefs des départements dans les cités sont renouvelés tous les trois ans. Les indemnités auxquelles ils ont droit sont proportionnées jour par jour aux services qu'ils ont rendus; s'ils ne remplissent pas leurs devoirs, ils sont condamnés à des amendes par les tribunaux. Rien ne les distingue de la foule, dans laquelle ils sont confondus. Ils n'ont ni palais, ni gardes, ni costume officiel; ils ont le pouvoir; mais ils n'en ont pas les apparences extérieures; ils sentent parfaitement qu'ils n'ont obtenu le droit de se placer au-dessus des autres par leur puissance que sous la condition de descendre au niveau de tous par leurs manières. « Je ne saurais rien imaginer, dit M. de Tocqueville, de plus uni dans les façons d'agir, de plus accessible à tous, de plus attentif aux demandes et de plus civil dans ses réponses qu'un homme public aux Etats-Unis. » On peut en dire autant des fonctionnaires publics de la Suisse. Ces allures simples et économiques, les hommes de bien les admirent, les ambitieux ne les envient pas

Les fonctions des maires des grandes villes sont, il est vrai, assez largement rétribuées et honorifiques, mais

elles ne durent qu'un ou deux ans. On ne peut pas non
plus y chercher une carrière publique. L'administration
des cités est d'ailleurs partagée entre deux conseils et le
maire. Il y a dans ce triple pouvoir une garantie permanente contre les abus de la démocratie.

Tempéré, comme il l'est en Suisse, par l'aristocratie
des bourgeois, et en Amérique par le concours de toutes
les causes qu'on vient de décrire, le vote universel offre
dans ces deux républiques fédératives des avantages que
complète le système de décentralisation administrative
qui les régit.

DE LA DÉCENTRALISATION ADMINISTRATIVE.

Les caractères de l'autorité communale ne sont pas
identiquement les mêmes en Suisse et aux États-Unis.

En Suisse, l'autorité se partage entre l'assemblée
communale, qui est l'assemblée législative, et le conseil
communal, qui est le pouvoir exécutif[1]. Aux États-Unis,
il faut distinguer : dans les villes ordinaires (*towns*), la
puissance législative appartient aux *town-meetings*, et le
pouvoir exécutif aux *town-officers*. Dans les cités, la
puissance législative se partage entre des assemblées
électives; le pouvoir exécutif appartient au maire (*the
mayor*).

Telle est, au surplus, dans les Républiques de la

---

[1] *Loi bernoise*, art. 22, 23, 24. *Loi neuchâteloise*, art. 11 et
18. *Loi fribourgeoise*, art. 15, 72. *Loi vaudoise*, art. 1, etc.

Suisse et des États-Unis, l'étendue des pouvoirs des communes sur leurs biens et droits collectifs que les lois n'y distinguent pas même entre les actes d'administration et les actes d'aliénation, soit directe soit indirecte, permis aux autorités communales.

Les communes suisses et américaines ne sont pas des États dans l'État. Les premières sont placées sous la haute surveillance du gouvernement[1] qui l'exerce par l'intermédiaire du ministre de l'intérieur et des préfets, et, sur la provocation de ces fonctionnaires, par le conseil d'État lui-même. Les secondes, quoiqu'affranchies de toute hiérarchie administrative, répondent devant les cours de justice, à la diligence des grands juges et des simples citoyens, des crimes, des délits et même des *fautes administratives* de leurs officiers[2]. Mais hors des cas exceptionnels où intervient l'action soit préventive, soit répressive du gouvernement et des tribunaux, les communes vendent, achètent, plaident, établissent des impôts, contractent des emprunts sans être ni recherchées ni contrôlées par personne.

[1] *Loi communale du canton de Berne*, art. 57. *Loi vaudoise*, art. 60 et 61. *Loi fribourgeoise*, art. 46, 47. *Loi genevoise*, art. 43 et suiv. *Loi neuchâteloise*, art. 8, 9, 10, 13, etc.

[2] Voyez les *Lois de Massachussets et de New-York*, et M. de Tocqueville, t. 1, p. 77 et 93.

## DE LA MULTIPLICITÉ ET DE LA MOBILITÉ DES FONCTIONNAIRES COMMUNAUX.

L'administration municipale et fédérative de la Suisse et des États-Unis d'Amérique est ce que les anciens publicistes appellent une *administration tournante* : c'est-à-dire qu'elle est confiée pour un certain temps à des officiers élus et remplacés successivement par d'autres.

Tel était le principal caractère de l'administration de Rome; et il suffit de jeter les yeux sur les innombrables titres du *Digeste* et du *Code*, qui règlent tous les détails de cette administration modèle, pour comprendre tout ce que le double principe de la division du travail et de la mobilité des fonctionnaires qui se partagent le service administratif, peut exercer d'heureuse influence sur le bien-être et sur la moralité des populations.

La division du travail est, comme le remarque Platon[1], le premier bienfait de la civilisation. « Quand une cité naissante ne serait composée que de six individus, vous les verriez déjà, dit-il, sous l'influence de l'autorité, se livrer à diverses fonctions. La nature nous ayant donné à chacun des talents différents, à celui-ci la force, à celui-là l'adresse, à l'un du génie, à l'autre de l'éloquence, il est évident qu'elle nous a destinés à divers emplois. » C'est la division du travail, dit un publiciste américain[2], qui

---

[1] *De la République*, liv. III.

[2] *Introduction to the science of government by Andrew Young*, p. 255. Rochester, 1842.

distingue les nations civilisées des peuples sauvages : chez ceux-ci, chaque individu est tenu de pourvoir par lui-même à tous ses besoins ; dans celles-là, chaque personne a son travail, son emploi, son industrie. » Une administration concentrée sur la tête d'un seul fonctionnaire, obligé, comme le ministre de l'intérieur en France, de pourvoir par des milliers de subordonnés à d'innombrables détails, est une administration sauvage, en comparaison de ces administrations mobiles qui, comme les municipes romains et notre ancien système communal et provincial, avaient pour agents des fonctionnaires élus pour un temps limité, et engagés à la fois par honneur et par intérêt à remplir fidèlement leur tâche, afin de ne pas démériter de la confiance de leurs concitoyens, et de progresser dans une carrière où on ne pouvait se faire remarquer que par les services rendus au pays.

La bureaucratie, triste auxiliaire de la centralisation, accumule et concentre dans les bureaux ministériels des travaux que l'esprit de localité répand, au contraire, sur toute la surface du territoire. La législation des Etats-Unis multiplie dans chaque commune des officiers dont chacun est chargé d'une branche spéciale du service administratif. Si ces officiers commettent des actes de négligence et de fraude, ils ne sauraient invoquer, comme en France, leur inviolabilité, leur garantie constitutionnelle. Poursuivis comme de simples mortels, ils rendent compte de leur conduite sur la plainte de quiconque prétend en avoir souffert, et devant la loi, qui prévoit et réprime, avec une sollicitude minutieuse, les actes repréhensibles et devant les tribunaux, chargés d'infliger des amendes et même des destitutions, et devant le peuple toujours attentif à la marche de ses affaires, jaloux de ses droits, et assez fréquemment assemblé pour pouvoir retirer presque instantanément les pouvoirs de ceux qui en ont abusé.

La succession rapide des fonctionnaires au pouvoir entraîne, il est vrai, une grande instabilité administrative et peut mettre obstacle à la fois aux progrès de la science et à la marche des affaires[1]. On ne sait rien quand on arrive, et l'on quitte sans être instruit. On est tout de feu en entrant, on s'attiédit bientôt par les difficultés, par la concurrence même, et l'on dit comme Benoît XIV : *Sara l'affare del papa che viene.*

Ce sont là de graves désavantages; mais en revanche les fonctionnaires fréquemment renouvelés ont plus de zèle, parce qu'ils n'ont pas le temps de s'user; on peut leur supposer plus d'honneur, parce qu'on ne présume pas que des hommes qui n'ont qu'une ou deux années à régir osent se compromettre pour l'intérêt d'un moment; ils sont surtout moins infectés de ce funeste esprit

[1] Ces petits souverains qu'on fait pour une année,
Voyant d'un temps si court leur puissance bornée,
Des plus heureux desseins font avorter le fruit,
De peur de le laisser à celui qui les suit.
Comme ils ont peu de part au bien dont ils ordonnent,
Dans le champ du public largement ils moissonnent
Assurés que chacun leur pardonne aisément,
Espérant à leur tour un pareil traitement.
Le pire des États, c'est l'État populaire.

(CORNEILLE, Cinna.)

de corps qui fait d'une bureaucratie innamovible et centralisée une sorte de *mandarinat* semblable à celui qui fonctionne en Chine sous les ordres du premier ministre appelé *chova*.

## AVANTAGES ET INCONVÉNIENTS DU RÉGIME MUNICIPAL ET FÉDÉRATIF.

Le système démocratique de la Suisse et des Etats-Unis est moins économique sans doute que le système aristocratique des administrations gratuites, mais il est moins dispendieux que celui de la centralisation. Les traitements sont plus modestes ; ils ne sont pas même permanents aux Etats-Unis. Le peuple, qui fixe ces traitements dans les *town-meetings*, n'a aucun intérêt à exagérer des dépenses dont il ne profite pas et auxquelles il est tenu de contribuer. Les habitudes démocratiques s'allient peu d'ailleurs avec les idées de luxe et de profusion. Il est difficile de comparer d'une manière mathématique les trois budgets de la Suisse, des Etats-Unis et de la France. Mais ce qu'on sait bien, c'est qu'en Suisse un ministre, un conseiller d'Etat, un membre du Conseil fédéral, a un traitement de 2 à 3,000 fr. ; c'est que ces fonctionnaires supérieurs gagnant leurs modestes appointements par un travail assidu, le luxe de la bureaucratie est à peu près inconnu. C'est enfin que, jusqu'à la constitution de 1848, dont il est difficile d'apprécier les conséquences, l'impôt en Suisse était faible et la dette publique nulle.

A l'égard des Etats-Unis, M. de Tocqueville[1] a renoncé à un parallèle qui lui a paru impossible ; mais il constate deux choses, la première, c'est que l'absence d'une armée permanente et d'une marine militaire formidable concourt avec la simplicité des formes administratives à alléger le fardeau des impôts aux Etats-Unis; la seconde, c'est que le mouvement politique tendant à mettre, dans un temps donné, le gouvernement dans la main des pauvres; les efforts qu'ils feront pour s'ouvrir les chemins du pouvoir et pour augmenter le bien-être et les lumières des classes inférieures, aboutiront nécessairement, malgré le nombre si exigu des fonctionnaires fédéraux[2], à des budgets aussi élevés que dans la plupart des aristocraties ou des monarchies de l'Europe : double et nouvelle preuve des avantages de la décentralisation administrative et des inconvénients de la démocratie politique.

Un autre avantage de la démocratie communale, c'est l'apprentissage incessant que fait le peuple de la vie publique dans les comices municipaux. Il s'éclaire sur ses vrais intérêts, et devient capable de les défendre sur un plus vaste théâtre. L'esprit de cité enflamme d'ailleurs le patriotisme local; et c'est par la petite patrie que l'on s'attache à la grande.

Le patriotisme qui naît des localités est grave, réfléchi, plein de respect pour le droit, pour la loi; il tient à tous les sentiments désintéressés, nobles et pieux.

---

[1] Tome I, p. 257; t. II, notes 22, 23 et 24.
[2] Ce nombre n'est que de 12 à 13,000 pour toute l'Union.

La censure des mœurs est à peu près impossible dans une vaste monarchie, dit Montesquieu ; les censeurs seraient gâtés par ceux-là mêmes qu'ils devraient corriger. Les républiques municipales et fédératives possèdent toutes, au contraire, de tribunaux de mœurs. Ce sont, en Suisse les consistoires de paroisses ; le pasteur en est d'office le premier membre et le secrétaire ; les autres membres sont élus par l'assemblée générale des habitants de la paroisse.

Aux États-Unis, la garde des mœurs appartient au grand-jury ou jury d'accusation, l'une des institutions les plus remarquables qui aient été importées de l'Angleterre dans le Nouveau-Monde. Cette magistrature, analogue à celle des censeurs de Rome, est saisie par les dénonciations des officiers de ville, tels que les *selectmen*, les *constables*, les *tyihmen*, de la connaissance des actes qui, sans offrir les caractères précis du délit, tendent à altérer les mœurs et sont considérés comme une nuisance publique (*a public nuisance*). La surveillance des industries suspectes, la police rigoureuse et la séquestration dans les maisons de travail des jongleurs, des saltimbanques, des nécromanciens, des filous, des filles publiques ; la répression de l'ivrognerie, du jeu, de la paresse, de la débauche, des infractions à la loi du dimanche, en un mot, de tous les abus qui portent atteinte à la morale, à la prospérité, à l'hygiène publique, voilà le partage de cette dictature formidable qui tend à compléter la législation criminelle et à mettre l'ordre dans les actions que ne peut atteindre la justice des tribunaux.

Le citoyen des États-Unis jouit d'une liberté presque illimitée dans le choix de sa profession, dans l'emploi de ses capitaux, dans l'exercice de son industrie ; mais il ne jouit pas de la liberté de la fraude. Tous les produits, surtout ceux qui sont destinés à l'exportation, sont assujettis à des règlements rigoureux.

Le surveillant des gros bagages (*surveyor of lumber*) vérifie la qualité et mesure les dimensions des bois, des planches, des douves, des cercles, des clous, et rebute les marchandises qui ne sont pas pleinement conformes aux règlements. L'inspecteur de la chaux (*inspector of lime*) atteste son inspection par une marque faite au moyen d'un fer chaud sur les barriques qui la contiennent. Le surveillant du poisson sec (*surveyor of dry fish*), celui des viandes salées, vérifient si la marchandise exportée a la qualité de saumure nécessaire et est bonne de qualité. Le vérificateur des cuirs (*sealer of leatker*) timbre les bottes, demi-bottes, souliers, escarpins, sandales, des lettres initiales du manufacturier.

Les lois américaines proscrivent avec une égale sollicitude les fraudes du commerce indigène et celles du commerce étranger. Une loi récente a été rendue par le congrès pour protéger le citoyen américain contre les médicaments frelatés que les chimistes d'Europe pourraient lui envoyer. En France, on entend la liberté autrement, et, grâce au système du laisser-passer, on a laissé, il y a quelques années, donner à nos soldats d'Afrique, rongés par la fièvre, de la fécule au lieu de quinine.

Chose remarquable ! c'est dans les États de la Nouvelle-

Angleterre, c'est dans cette ville de Boston, d'où partit le cri d'indépendance et où le *self government* a eu le développement le plus complet, que l'esprit réglementaire, issu de l'esprit religieux, est le plus minutieux et le plus sévère. L'industrie, le commerce ont-ils souffert de ces entraves? Loin de là : les avantages topographiques des États-Unis, l'étendue des côtes maritimes, la profondeur des ports, l'activité, l'audace du génie maritime des Américains, tous ces avantages se sont accrus de la confiance qu'inspirent des produits garantis avec tant de sollicitude.

Le citoyen des États-Unis jouit dans ses rapports avec le système administratif d'une liberté tout aussi étendue mais tout aussi prudemment limitée que dans ses rapports avec le choix et l'exercice des industries.

Ainsi, pour la plupart des actes qui le mettent en contact avec le domaine public, par exemple, avec les eaux considérées comme moteurs de machines ou comme voies de communication, il doit se pourvoir d'autorisations ; mais au lieu de subir, comme en France, les interminables lenteurs d'une filière administrative qui s'étend des bureaux de Paris jusqu'aux limites du territoire, il ne sort pas des limites de la commune ou du comté, et obtient en quelques jours ce qu'il obtiendrait à peine en France en plusieurs années.

Ainsi, la liberté des *meetings* est à peu près absolue, mais elle a pour limite le respect du *riot-act*.

Ainsi, les associations se multiplient de toutes parts avec une abondance extrême, mais il n'en est aucune dont les statuts n'aient été sévèrement contrôlés par les assemblées législatives.

De là des progrès dans tous les genres qu'expliquent sans doute en partie le génie entreprenant, l'activité persévérante, l'industrie infatigable de la race anglo-saxonne, mais qui sont principalemet dus à la liberté et à la moralité du système administratif des États-Unis.

Les travaux publics sont dirigés par les autorités électives et locales et par des associations permanentes. Les villes imposent les taxes et nomment les surveillants des grands chemins et des chemins communaux.

L'exécution et l'exploitation des chemins de fer sont abandonnés à des compagnies, ou à long terme, ou perpétuelles, dont l'industrie est libre et débarrassée de toute entrave (*unfetered*).

Le culte n'est pas abandonné à la discrétion des fidèles; un culte public est établi, comme dans tous les États policés, et les impôts nécessaires à son entretien sont levés dans la forme ordinaire. Aux États-Unis, ce sont les *paroisses*[1] qui subviennent à tous les besoins temporels et spirituels du culte public. En Suisse, ce sont des synodes ecclésiastiques sous la surveillance de l'État[2].

Les villes américaines fixent, dans les assemblées annuelles, l'impôt scolaire, et nomment les comités chargés de la répartition de cet impôt, de l'inspection des écoles et de tout ce qui se rattache à l'enseignement public. En

[1] *Town officer*, part. 14.
[2] *Constitution de Berne*, art. 80 ; *de Neuchâtel*, art 46.

Suisse, ce sont les communes et les chambres d'éducation qui règlent, de concert avec l'État, les moyens de donner aux établissements d'instruction publique le degré de perfection dont ils sont susceptibles.

En Suisse et aux États-Unis, comme dans tous les États protestants, la charité légale existe en principe depuis la réforme : les cantons suisses étaient tous, il y a peu de temps encore, sous le régime de la taxe complète, communale et spéciale. Cette taxe, qui se prélevait sous diverses formes, atteignait en général un à cinq par mille, même en quelques cantons huit par mille de la fortune des contribuables. On comptait dans le canton de Berne quarante mille indigents sur une population de trois cent soixante-dix mille âmes. A Vevay, sur cent personnes mortes en 1837, vingt-sept étaient assistées. Dans quelques districts, la taxe des pauvres était montée à soixante fois ce qu'elle était primitivement[1]. Cette charge était devenue tellement intolérable, qu'elle a été supprimée dans plusieurs cantons au moment même où l'avènement du parti démocratique semblait devoir lui donner une nouvelle impulsion[2].

La taxe des pauvres existe aussi dans tous les états de l'Union, sauf la Géorgie et la Louisiane[3]. Cette taxe est imposée dans l'état de New-York sur l'avis du corps

---

[1] *De la Charité légale*, par M. Naville, ministre du saint Évangile à Genève, t. I, p. 332, 347.

[2] *Constitution de Berne*, art. 85. L'obligation légale pour les communes d'entretenir les pauvres est abolie.

[3] Hallam, *Stateement*, etc., p. 54-63.

des inspecteurs (*the board of supervisors*), dans celui de Massachussets, à la diligence des surveillants des pauvres (*surveyors of the poor*). Les lois pourvoient avec une active sollicitude au soulagement des citoyens domiciliés, et même des étrangers; mais elles ouvrent aux villes des actions en recours et sur les biens de l'assisté, et contre sa famille, et contre la commune où il est né. Toutes ces actions sont réglementées avec une dureté qui rappelle l'effroyable origine de cet impôt. Néanmoins sa progression n'a pas été moindre aux États-Unis que dans les autres États protestants. A New-York, de 1815 à 1831, la taxe des pauvres s'est élevée de 1,306,009 fr. à 3,731,000 fr. Dans le Massachussets, elle a aussi augmenté en vingt années (de 1800 à 1820) dans le rapport de deux à cinq, accroissement égal à celui qu'elle a subi en Angleterre en trente ans (de 1785 à 1815), et de 1821 à 1831, le nombre des assistés s'est élevé de cent trente-quatre à deux cent cinquante-cinq sur dix mille habitants [1]. La force des choses amènera aux États-Unis, comme en Suisse, la suppression d'un impôt qui, partout où il s'établit, creuse et élargit incessamment le gouffre où s'engloutit toute la fortune publique [2]. Mais ce qui survivra à la taxe des pauvres, ce sont, en Suisse et aux États-Unis, les établissements inspirés par l'esprit municipal, tels que les établissements agricoles et industriels de Massachussets et

[1] Naville, t. II, p. 55-313.

[2] Si quantùm pauperum est venire huc et liberis suis petere pecunias cœperint, singuli nunquàm exsatiabuntur, respublica deficiet. (TACITE.)

les institutions bernoises de *Summiswald* et de *Lan-gnan*[1].

L'esprit communal et fédératif est favorable à la bienfaisance. La commune n'étant que l'extension de la famille, il est naturel que l'indigent trouve dans la pitié de ses compatriotes plutôt que dans les secours officiels de la bureaucratie les secours dont il est privé par la pauvreté de ses parents. Un économiste chrétien, M. de Villeneuve-Bargemont, fait remarquer que la bienfaisance a fleuri partout en raison directe des franchises municipales, et cite surtout la Suisse à l'appui de son opinion[2].

Envisagée dans son ensemble, une démocratie fédérative est aussi propre que toute autre forme de gouvernement, si elle se trouve dans des conditions économiques et morales propres à son développement, à réaliser les principes et les habitudes d'ordre et de liberté qui font vivre et prospérer les sociétés politiques. Voyez la Suisse: les routes y sont belles, les universités célèbres, les professeurs éminents, les monuments utiles nombreux, les fabricants riches, les populations éclairées, aisées, armées, les impôts légers. Les familles se perpétuent, l'existence nationale traverse les siècles; malgré les échecs temporaires de la fortune, ce peuple, après des invasions subies ou tentées, revient dans ses frontières séculaires, comme les eaux de ses beaux lacs, soulevées quelques

Hüerne de Pommeuse, *Colonies agricoles*, p. 790. Naville, t I, p. 320.

[2] *Économie politique chrétienne*, liv. V, ch. XIV.

jours pendant les tempêtes, rentrent dans leurs limites éternelles [1].

Voyez les États-Unis ; dans chacune de ces petites nations, qui n'ont à songer ni à se défendre ni à s'agrandir, tous les esprits fermentent excités par un seul désir, celui des conquêtes pacifiques et des améliorations intérieures. Les assemblées de ville, de comté, les législatures politiques de chaque État travaillent sans relâche au bien-être général. L'agriculture et l'industrie s'étendent et se perfectionnent, le commerce se propage, les villes s'élèvent, les populations décuplent, les routes, les canaux, les chemins de fer sillonnent le territoire ; les écoles, les maisons de travail, les établissements de bienfaisance se multiplient.

L'activité industrielle, commerciale, administrative, politique, des États-Unis, est quelque chose de prodigieux.

« À peine êtes-vous descendu sur le sol de l'Amérique, dit M. de Tocqueville, que vous vous trouvez au milieu d'une sorte de tumulte. Une clameur confuse s'élève de toutes parts ; mille voix parviennent en même temps à votre oreille ; chacune d'elles exprime quelques besoins sociaux. Autour de vous tout se remue ; ici le peuple d'un quartier est réuni pour savoir si l'on doit bâtir une église ; là on travaille au choix d'un représentant ; plus loin les députés d'un canton se rendent en toute hâte à la ville, afin d'aviser à certaines améliorations locales ;

---

[1] Cordier, *des Travaux publics.*

dans un autre endroit, ce sont les cultivateurs d'un village qui abandonnent leurs sillons pour aller discuter le plan d'une route ou d'une école; des citoyens s'assemblent dans le seul but de déclarer qu'ils désapprouvent la marche du gouvernement, tandis que d'autres se réunissent afin de proclamer que les hommes en place sont les pères de la patrie. En voici d'autres encore qui, regardant l'ivrognerie comme la source principale des maux de l'Etat, viennent s'engager solennellement à donner l'exemple de la tempérance. Le grand mouvement politique qui agite sans cesse les législateurs américains, le seul dont on s'aperçoive au-dehors, n'est qu'un épisode et une sorte de prolongement de ce mouvement universel qui commence dans les derniers rangs du peuple et gagne ensuite de proche en proche toutes les classes de citoyens. »

Quelle est la cause impulsive de cette immense activité ? Ce sont les mœurs et les habitudes d'un peuple libre qui, après s'être développées d'abord dans la commune, puis dans l'État, s'appliquent ensuite sans peine à l'ensemble du pays. L'esprit public de l'Union n'est en quelque sorte qu'un résumé du patriotisme provincial.

Une république fédérative peut devenir quelquefois, même pour un État monarchique, une nécessité sociale transitoire. Qu'une révolution de prétoriens ou de démagogues, qu'une armée ennemie s'empare du siége du gouvernement, faudra-t-il courber lâchement la tête et laisser imposer au pays un gouvernement qui lui soit profondément antipathique ?

Quand le succès des armes ou le flot des révolutions amène à la tête des gouvernements des hommes qui, après avoir détruit l'autorité, attaquent la liberté elle-même [1], et n'offrent plus ainsi aucune garantie sociale, il est du devoir des peuples de se replier sur eux-mêmes, et de chercher dans l'esprit municipal et fédératif une suprême ressource. Alors, dans chaque cité, les voisins se rapprochent et s'arment pour la défense commune sous la direction de ceux que leurs talents et leur caractère désignent naturellement à cette mission périlleuse. Alors, chacun s'enflammant au contact du sentiment public, le patriotisme renaît dans les âmes, et enfante des prodiges imprévus de dévouement.

Dans une société ébranlée jusques dans ses fondements, ce n'est plus au centre seulement qu'il faut songer à la défendre. « Partout attaquées, dit M. Guizot [2], il faut que la propriété, la famille, toutes les bases de la société soient fortement défendues, et c'est trop peu pour les défendre que des fonctionnaires et des ordres venus du centre, même soutenus par des soldats. »

L'esprit municipal et fédératif n'est pas moins efficace contre les ennemis du dehors. «Pour qu'un peuple présente une résistance énergique, il faut, dit M. de Sismondi [3], qu'il soit doué de vie, non pas seulement dans son chef, mais dans tous ses membres ; il faut qu'en quelque lieu

---

[1] Ut imperium evertant, libertatem præferunt ; si everterint, libertatem ipsam aggredientur. (TACITE.)

[2] *De la Démocratie en France*, ch. VI

[3] *Études sur la constitution des peuples libres*, p. 407.

que l'ennemi se présente il rencontre, non pas seulement une force matérielle, mais une pensée et une volonté indépendante : il faut que chaque ville se défende comme une république qui sent que son tout est en jeu et que le combat qu'elle va livrer est une épreuve de vie ou de mort pour elle. »

C'est par des confédérations que les peuples ont toujours résisté à l'oppression : témoin, dans l'antiquité, les luttes de la fédération grecque contre les potentats de l'Asie ; dans le moyen âge, les ligues de la Lombardie, de la Suisse, des villes anséatiques ; dans les temps modernes, les guerres des Pays-Bas contre le roi Philippe II, de l'Espagne contre l'empereur Napoléon, de la Pologne contre l'empereur de Russie, des États-Unis contre l'Angleterre. Les colonies espagnoles se sont affranchies en se fédérant. Devenues pour leur malheur de vastes républiques unitaires, elles sont en proie à l'anarchie et à la guerre civile.

Ce qui, malgré les maux qui dévorent l'Angleterre, la préserve des révolutions et favorise depuis deux siècles son mouvement ascensionnel, c'est surtout la libre organisation de ses communes et de ses comtés. Ce qui, malgré les richesses variées de son territoire et le génie de ses habitants, fait de la France, depuis soixante ans, le club central, le foyer des révolutions de l'Europe, c'est l'excès de sa centralisation. Si la monarchie, ce qu'à Dieu ne plaise, disparaissait de l'Europe, l'Angleterre adopterait le gouvernement des États-Unis, et la France subirait celui de l'Amérique espagnole.

19.

N'exagérons cependant pas les avantages des gouvernements fédératifs.

Dans les Etats fédératifs, la police générale n'est pas, comme dans les Etats centralisés, toujours présente, prompte, rapide, énergique. Aux Etats-Unis, le *constable* est souvent obligé de suppléer à l'absence d'auxiliaires officiels, en requérant aide et assistance des citoyens pour l'exécution des lois. Cette assistance obligatoire, et toujours prêtée avec un empressement fondé sur le respect de la loi, vaut bien peut-être le savant mécanisme de cette police française qu'un jurisconsulte grave, M. Béranger, définit [1] : *une institution dont l'objet est de corrompre une partie de la nation pour surveiller l'autre.* Mais elle a besoin d'être fortement soutenue par les mœurs publiques. Ce serait en France un pauvre secours que celui qu'un agent de police demanderait aux citoyens. Grâce à l'esprit d'opposition, qui est l'un des traits saillants du caractère français, on est toujours plus disposé à donner tort à l'autorité qu'à lui prêter aide et assistance.

Une république fédérative ne se distingue ordinairement ni par l'éclat de sa capitale, ni par la beauté de ses monuments. Cela tient à deux raisons. Les dépenses y sont plutôt disséminées que concentrées, et le goût de l'utile y règne plutôt que celui du beau. Il n'y a pas en Suisse une ville qui se distingue des autres [2] ; et malgré

[1] *De la Justice criminelle en France.*

[2] Où est la capitale de la Suisse? où est en Suisse la *ville-nation*, théâtre de toutes les capacités, but de toutes les ambitions,

les vastes proportions de son enceinte idéale, Washington est encore et restera un modeste bourg.

Une démocratie fédérative, même placée dans des conditions favorables à ses progrès, ne s'élèvera jamais au-dessus d'un certain niveau. Les rudiments des connaissances humaines s'y répandront dans toutes les classes ; mais les intelligences d'élite, les grands caractères, s'y développeront peu. Les habitudes y seront en général honnêtes, paisibles ; les vertus rarement héroïques. On y pourvoira avec intelligence et sollicitude aux premiers besoins de la vie, on n'y recherchera ni le luxe, ni l'éclat des lettres et des beaux-arts. L'esprit de conservation y dominera plutôt que le génie des grandes choses. On saura se défendre dans une guerre de résistance, on manquera d'audace et d'habileté peut-être dans une guerre d'invasion.

Une monarchie représentative peut prétendre à de plus hautes destinées. Assise sur la large base de la famille et de la cité, et couronnée par un pouvoir héréditaire et inamissible, elle peut donner à la liberté les satisfactions les plus larges sans ébranler les fondements de l'ordre[1] ;

que tous les talents vont illustrer, toutes les fortunes enrichir, que tous les arts ornent et embellissent à l'envi, objet de la pensée, des entretiens, des vœux de tous, orgueil du pays, reine reconnue, à qui les palais et les chaumières, les bourgs et les villes des provinces ne refusent point leur hommage ? Nulle part. Est-ce un bien ? est-ce un mal ? Qu'importe ! C'est un fait et un symptôme. Ce fait est le résumé de l'histoire suisse. (Rossi, *Rapport sur le projet d'Acte fédéral*, p. 13.—Septembre 1832.)

[1] L'hérédité du pouvoir est l'oblation d'une famille aux libertés publiques. (MIRABEAU.)

elle peut, sans nuire au bien-être des populations, leur permettre d'aspirer à la gloire artistique et littéraire, au génie des conquêtes civilisatrices, à tout ce qui ennoblit et élève l'humanité.

De tous les systèmes de gouvernement, le meilleur est, de l'avis des philosophes les plus éminents, celui qui tempère l'un par l'autre les trois éléments monarchique, aristocratique et démocratique. Xénophon et Aristote louent la *monarchie*; Platon et ses adhérents athéniens, l'*aristocratie*; Thémistocle, au dire de Thucydide, la *démocratie*. « Le procès sur ce point, dit un publiciste du quinzième siècle, est encore pendu au croc; mais tous, finalement, s'accordent à dire que la chose publique qui veut fleurir et prospérer se doit gouverner par un *tempérament de ces trois États.* »

C'est ce que Cicéron a prouvé dans les pages immortelles, miraculeusement retrouvées [1], et c'est ce qu'ont prouvé mieux encore les exemples de Sparte, de Carthage, de Rome, dans ses beaux jours [2], et ceux des monarchies représentatives modernes.

[1] Cicer. de rep., II, 33. Id enim tenetote nisi æquabilis hæc in civitate compensatio sit et juris, et officii et muneris ut et potestatis satis in magistratibus, et auctoritatis in principum concilio, et libertatis in populo sit, non posse hunc immutabilem republicæ conservari statum.

[2] Ibid. II, 32. Tenuit igitur hoc in statu senatus rempublicam temporibus illis, ut in populo libero pauca per populum, pleraque senatus auctoritate et instituto ac more gererentur atque ut consules potestatem haberent tempore duntaxat annuam, genere ipso ac jure regiam.

La monarchie représentative a des avantages qu'on cher-
cherait vainement ailleurs ; la promptitude de l'exécution ;
la direction de l'ambition au bien public ; une plus grande
force dans la puissance ; un certain attachement au trône,
que chacun regarde comme le centre de la propriété commune, comme la source du bonheur public ; c'est le gouvernement le plus naturel et le plus convenable surtout à
une grande nation qui lui doit l'unité de sa langue et de
son territoire, les progrès de son industrie, de son commerce, de son crédit, le génie de ses hommes d'Etat, de
ses philosophes, de ses poëtes, toutes les conditions en
un mot de son immortelle civilisation.

Suisse ou Américain, j'aimerais la république fédérative ; Français, j'aime et je désire la monarchie représentative.

FIN.

# TABLE

## CHAPITRE V.

*Des villes (towns), de leurs assemblées (town-meetings), et de leurs officiers (town-officers).*



## CHAPITRE VI.

*Des attributions des officiers de ville (town-officers) dans l'État de Massachussets.*

## CHAPITRE VII.

### *Des attributions des officiers de villes (town-officers) dans l'État de New York.*



*Des devoirs généraux de certains Officiers des villes et de plusieurs matières concernant ces officiers.*



## CHAPITRE VIII.

### *De l'administration actuelle des cités (cities).*

## CHAPITRE IX.

### *De l'administration actuelle des comtés (counties).*

## CHAPITRE X.

*Réflexions générales sur le régime municipal et fédératif de la
Suisse et des États-Unis.*



FIN DE LA TABLE.

Paris.—Imprimerie Bonaventure et Ducessois, 55, quai des Augustins.

# LIBRAIRIE DE D. GIRAUD ET J. DAGNEAU

ÉDITEURS

de la Bibliothèque de Fantaisie, de la Bibliothèque Politique

ET DE LA BIBLIOTHÈQUE THÉATRALE

## NOUVELLES COLLECTIONS

PUBLIÉES DANS L'ÉLÉGANT FORMAT IN-18 ANGLAIS.

---

## CATALOGUE

DES

# LIVRES DE FONDS ET DE PROPRIÉTÉ.

## PARIS

7, RUE VIVIENNE, AU PREMIER, 7

**Maison du Coq d'or.**

1852

# ESQUISSES LITTÉRAIRES

## PAR ARMAND BASCHET.

Les *Esquisses littéraires* paraissent successivement et à des intervalles très rapprochés. Ces esquisses sont contemporaines. Sous une forme biographique et critique, elles résument l'histoire de la grande lutte littéraire moderne.

L'auteur des *Esquisses littéraires* s'est appliqué à mettre en relief et dans la plus vive étendue l'*homme* et l'*écrivain*. L'étude sur la *manière* d'un artiste doit naturellement mener à l'étude du *genre*. C'est ce qu'a voulu comprendre l'auteur des *Esquisses*.

De Balzac, V. Hugo, de Lamartine, Th. Gautier, Alphonse Karr, Alfred de Vigny, Sainte-Beuve, George Sand, Musset, Vacquerie, P. de Kock, Mérimée, Henri Heine, Jules Janin, Gérard de Nerval, Léon Gozlan, etc., forment la première série des *Esquisses littéraires*.

La seconde série doit être un ensemble des tendances littéraires nouvelles : MM. Champfleury, Charles Monselet, Philippe de Chennevière, Charles Baudelaire, Théodore de Banville, André Thomas, Mürger, Aloysius Bertrand, etc., résument à peu près les noms de cette série.

EN VENTE

LA DEUXIÈME ÉDITION DE LA PREMIÈRE ESQUISSE :

## H. DE BALZAC

Par M. ARMAND BASCHET, avec Notes historiques par CHAMPFLEURY.

# BIBLIOTHÈQUE DE FANTAISIE

## ART ET LITTÉRATURE.

La nouvelle collection que nous publions sous ce titre se composera d'un choix d'œuvres nouvelles dues à la plume de nos meilleurs *Écrivains fantaisistes*, poètes et prosateurs contemporains.

Imprimée sur beau papier glacé et satiné, dans l'élégant format in-18 anglais, elle sera divisée en deux séries de prix différents.

Première série, chaque vol.: 2 fr. — Deuxième série, chaque vol.: 3 fr.

*EN VENTE:*

### ROMANS DES FAMILLES

# AU COIN DU FEU

## PAR ÉMILE SOUVESTRE
1 volume. Prix : 2 fr.

# STATUES ET STATUETTES

### CONTEMPORAINES

## PAR CHARLES MONSELET.
1 volume. Prix : 2 fr.

# PROMENADES SENTIMENTALES DANS LONDRES

## ET LE PALAIS DE CRISTAL

## PAR JULES DE PRÉMARAY
1 beau volume. Prix : 3 fr.

Sous presse :

# SOUS LA TONNELLE

Par ÉMILE SOUVESTRE. — 1 volume. Prix : 2 fr.

# BIBLIOTHÈQUE DE FANTAISIE

En préparation :

# COMÉDIES

# CHANSONS ET NOUVELLES

## PROVERBES DE SALON

Par **EUGÈNE SCRIBE**, de l'Académie française. — 4 vol. Prix : 3 fr.

Les CHANSONS et NOUVELLES contenues dans ce volume sont entièrement INÉDITES, et les PROVERBES et COMÉDIES n'ont point été représentés.

---

# SAINT LOUIS

# EN PALESTINE

## PREMIÈRE CROISADE

### PAR MÉRY
1 volume.

---

# LORELY

## LA FÉE DU RHIN

# SOUVENIRS D'ALLEMAGNE

PAR

### GÉRARD DE NERVAL
1 volume.

# BIBLIOTHÈQUE POLITIQUE

## Curiosités révolutionnaires et historiques,

La **BIBLIOTHÈQUE POLITIQUE** publiera successivement un choix d'ouvrages piquants sur ce qu'on peut appeler réellement *Curiosités révolutionnaires et historiques.*

Outre son mérite littéraire, cette collection aura une véritable importance d'actualité, et est appelée à former le complément de toutes les histoires contemporaines.

Exactement semblable, pour le papier et le format, à la BIBLIOTHÈQUE DE FANTAISIE, elle sera aussi divisée en deux séries, du prix de 2 et 3 fr, chaque volume.

## En vente :

# LES AFFICHES ROUGES

### reproduction exacte et histoire critique

## DE TOUTES LES AFFICHES ULTRA-RÉPUBLICAINES

### Placardées sur les murs de Paris depuis le 24 février 1848

#### AVEC UNE PRÉFACE

Par **UN GIRONDIN.** — 1 beau volume. Prix : 3 fr.

---

### Pour paraître le 15 janvier :

# HISTOIRE

## DU

# TRIBUNAL RÉVOLUTIONNAIRE

### Par Charles MONSELET.

### 2 forts volumes.

---

### 2ᵉ ÉDITION.

### — Curiosités révolutionnaires. —

# LES JOURNAUX ROUGES

### Histoire critique de tous les journaux ultra-républicains publiés à Paris depuis le 24 février 1848,

Avec des extraits spécimens et une Préface, par un Girondin.
1 volume in-18. Prix : 1 fr. 50 c.

# BIBLIOTHÈQUE THÉATRALE
## — Auteurs contemporains —
### Nouvelle collection publiée dans le format in-18 anglais

## PIÈCES EN VENTE

**BATAILLE DE DAMES**, ou UN DUEL EN AMOUR, comédie en 3 actes, en prose, par MM. SCRIBE et LEGOUVÉ. Prix : 1 fr.

**LA CHANTEUSE VOILÉE**, opéra-comique en 1 acte, par MM. SCRIBE et DE LEUVEN. Prix : 60 c.

**LA PEAU DE MON ONCLE**, vaudeville en 1 acte, par MM. VARIN et Jules de PRÉMARAY. Prix : 60 c.

**LA VIE DE CAFÉ**, pièce en 3 actes, mêlée de chants, par MM. DUPEUTY et E. VANDERBURCK. Prix : 75 c.

**UN DIEU DU JOUR**, comédie-vaudeville en 2 actes, mêlée de couplets, par MM. Ac. d'ARTOIS, ROGER DE BEAUVOIR et de BESSELIÈVRE. Prix : 60 c.

**LE RAISIN MALADE**, folie fantastique en 1 acte, mêlée de couplets, par M. Michel DELAPORTE. Prix : 60 c.

**L'ANGE DU REZ-DE-CHAUSSÉE**, vaudeville en 1 acte, par MM. L. COUAILHAC et BOURDOIS. Prix : 60 c.

**LE MARI D'UNE CAMARGO**, comédie-vaudeville en 2 actes, mêlée de couplets, par MM. LAURENCIN et ARSÈNE DE CEY. Prix : 60 c.

**LA TANTE LORIOT** (jouée par M. et madame Émile Taigny), vaudeville mêlé de couplets, par MM. MOREAU et DELACOUR. Prix : 60 c.

**UN AMANT QUI NE VEUT PAS ÊTRE HEUREUX**, vaud. en 1 acte, par MM. de COMBEROUSSE et LUBIZE. Prix : 60 c.

**L'EAU QUI DORT**, vaudeville-proverbe en 1 acte, par MM. Bernard LOPEZ et Ch. NARREY. Prix : 60 c.

**LE CHARIOT D'ENFANT**, drame en vers en 5 actes et 7 tableaux, traduction du drame indien du roi Soudraka, par MM. Méry et Gérard de Nerval, in-18 format anglais (édition de luxe). Prix : 2 fr.

**LE MARTYRE DE VIVIA**, mystère en 3 actes et en vers, par Jean Reboul (de Nîmes), 1 vol. in-18 format anglais (édition de luxe). Prix : 1 fr. 50 c.

**LES CONTES DE LA REINE DE NAVARRE** ou LA REVANCHE DE PAVIE, comédie en 5 actes, en prose, par MM. SCRIBE et LEGOUVÉ, ornée d'un beau portrait de mademoiselle Madeleine Brohan, gravé sur acier. Prix : 1 fr. 25 c.

**LES PÉCHÉS DE JEUNESSE**, drame en 3 actes, en prose, par M. Émile SOUVESTRE. Prix : 60 c.

**UN ENFANT DE PARIS**, drame en 5 actes et 8 tableaux, par M. Émile SOUVESTRE. Prix : 1 fr.

**UN PAYSAN D'AUJOURD'HUI**, comédie en 1 acte, en prose, par M. Émile SOUVESTRE. Prix : 60 c.

**LE LION ET LE MOUCHERON**, drame en 5 actes, par MM. Émile SOUVESTRE et Eug. BOURGEOIS. Prix : 75 c.

**MADAME DE LAVERRIÈRE**, drame en 5 actes, par M. Charles LAFONT. 75 c.

**LES BAISERS**, comédie en 1 acte et en prose, par M. Hippolyte LUCAS. 60 c.

**LA FILLE DU ROI RENÉ**, comédie-vaudeville en 1 acte, par M. Gustave LEMOINE. Prix : 60 c.

**L'ENSEIGNEMENT MUTUEL**, pochade mêlée de couplets, par MM. Th. BARRIÈRE et DECOURCELLE. Prix : 60 c.

**LA DOT DE MARIE**, vaudeville en 1 acte, par MM. CLAIRVILLE et J. CORDIER. Prix : 60 c.

**CLAUDINE** ou LES AVANTAGES DE L'INCONDUITE, étude pastorale et berrichonne (Parodie de Claudie), par MM. SIRAUDIN et Arthur DE BEAUPLAN. 60 c.

**UNE BONNE QU'ON RENVOIE**, vaudeville en 1 acte, par MM. DE LA ROUNAT et S. Henri BERTHOUD. Prix : 60 c.

**PIERROT**, pièce de carnaval, en 1 acte, par MM. LEFRANC et DECOURCELLE. Prix : 60 c.

**MILITAIRE ET PENSIONNAIRE**, vaudeville en 1 acte, par MM. BRISEBARRE et DE LUSTIÈRES. Prix : 60 c.

# BIBLIOTHÈQUE THÉATRALE
## — Auteurs contemporains —
### Nouvelle collection publiée dans le format in-18 anglais

*SUITE DES PIÈCES EN VENTE*

**LE DOCTEUR CHIENDENT**, vaudeville en 2 actes, par M. VARIN. Prix : 60 c.

**LA FIANCÉE DU BENGALE**, folie de carnaval en 2 actes et 3 tableaux, par MM. L. DUCHESNE et G. SAUVEY. Prix : 60 c.

**LES MALHEURS HEUREUX**, comédie-vaudeville en 1 acte, par MM. DUVERT, de LAUZANNE et de LA ROUNAT. 60 c.

**BELPHÉGOR**, vaudeville fantastique en 1 acte, par MM. DUMANOIR, SAINT-YVES et CHOLLER. Prix : 60 c.

**RAYMOND**, ou *le Secret de la Reine*, opéra-comique en 3 actes, par MM. ROSIER et DE LEUVEN. Prix : 1 fr.

**LA DAME AUX TROIS COULEURS**, comédie-vaud. en 3 actes, par MM. Ch. DESNOYER et Ch RAYMOND. Prix : 75 c.

**LA SÉRAFINA**, opéra-comique en 1 acte, par MM. de SAINT-GEORGES et DUPIN. Prix : 60 c.

**LA PEAU DE CHAGRIN**, drame en 5 actes, tiré du roman de H. BALZAC, par M. Louis JUDICIS. Prix : 1 fr.

**LA CORDE SENSIBLE**, vaudev. en 1 acte, par MM. CLAIRVILLE et Lambert THIBOUST. Prix : 60 c.

**LES FAMILLES**, comédie en 5 actes, en vers, par M. Ernest SERRET (édition de luxe). Prix : 1 fr. 50 c

**LAURE ET DELPHINE**, comédie-vaudeville en 2 actes, par MM. BAYARD et CH. POTRON. Prix : 1 fr.

**J'AI MARIÉ MA FILLE**, comédie mêlée de couplets, par MM. LAURENCIN et Marc MICHEL. Prix : 60 c.

**MURDOCH LE BANDIT**, opéra-comique en 1 acte, par M. DE LEUVEN. Prix : 60 c.

**LE VOL A LA DUCHESSE**, drame en 5 actes et 8 tableaux, par MM. GRANGÉ et X. DE MONTÉPIN. Prix : 1 fr.

**400,000 FRANCS POUR VINGT SOUS**, vaudeville en 1 acte, par MM. EM. COLLIOT et EM. LEFEBVRE. Prix : 60 c.

**LUCIENNE**, drame-vaudeville en 2 actes, par M. Paul FOUCHER. Prix : 60 c.

**DANS L'AUTRE MONDE**, rêverie-vaudeville en 3 tableaux, par MM. EM. COLLIOT et EM. LEFEBVRE. Prix : 60 c.

**UNE MAITRESSE-FEMME**, comédie-vaudeville en 1 acte, par MM. CARMOUCHE et VANDERBURCK. Prix : 60 c.

**L'AMANT DE CŒUR**, vaudeville en 1 acte, par MM. SIRAUDIN et Jules de PRÉMARAY. Prix : 60 c.

**LES PHILOSOPHES DE VINGT ANS**, proverbe en 1 acte, par Mme Caroline BERTON. Prix : 60 c.

**L'IVROGNE ET SON ENFANT**, vaudeville en 2 actes, par M. CH. DESNOYERS. Prix : 60 c.

**LE MARCHAND DE LAPINS**, comédie en 1 acte, mêlée de couplets, par MM. VARIN et BOYER. Prix : 60 c.

**LE DERNIER ABENCERAGE**, drame en 3 actes, en vers, par M. BEAUVALLET. Prix : 1 fr.

**ENCORE DES MOUSQUETAIRES**, vaudeville en 1 acte, par MM. VARIN et PAUL VERMOND. Prix : 60 c.

**UN CHEF DE BRIGANDS**, vaudeville en 1 acte, par MM. VARIN et MARCHAIS. Prix : 60 c.

**LA DINDE TRUFFÉE**, vaudeville en 1 acte, par MM. VARIN et de LÉRIS. Prix : 60 c.

---

# LES INCERTITUDES DE ROSETTE
### Comédie-vaudeville en 1 act», par M. Ernest SERRET.
#### Prix : 60 c.

*Nouvelles brochures politiques.*

# QUE DEVIENDRA LA FRANCE?

## PENSÉES
### Sur la Situation actuelle
## PAR M. DE KÉRATRY,
Membre de l'Assemblée Législative,

In-12, broché. — Prix : 1 fr.

# LES CHEVALIERS
## DE LA RÉPUBLIQUE ROUGE EN 1851

### PAR A. CHENU.

1 volume in-18 jésus. — Prix : 1 fr. 25 c.

# L'ABIME (1793-1852)

## PAR JONATHAN
(J.-P. SCHMIT)

Auteur du *Catéchisme de l'Ouvrier*, du *Pain et du travail*, etc,
Avec cette épigraphe :

Au feu ! au feu ! L'Enfer s'allume ! (FAUST.)

1 vol. in-18 jésus. — 1 fr. 25 c.

### Sous presse :

# DE PARIS A FROHSDORFF

## RELATION D'UNE VISITE A M. LE COMTE DE CHAMBORD
## PAR M. CHARLES DE BESSELIÈVRE.

In-12, broché. — Prix : 1 fr.

# ÉCONOMIE POLITIQUE.

## DE
# L'ADMINISTRATION INTÉRIEURE
# DE LA FRANCE
### PAR M. FERDINAND BÉCHARD,
Membre de l'Assemblée Législative,

Avec un appendice sur les lois municipales des principaux États de
l'Europe, par M. Bergson, docteur en droit.

2 beaux volumes in-18, format anglais. — Prix : 6 fr.

Tome Iᵉʳ. — ORGANISATION COMMUNALE ET CANTONALE.
Tome II. — ORGANISATION DÉPARTEMENTALE ET DIVISIONNAIRE.

---

# LA COMMUNE, L'ÉGLISE ET L'ÉTAT
### Dans leurs rapports avec les Classes laborieuses
### PAR M. FERDINAND BÉCHARD

Membre de l'Assemblée nationale et de la Commission des lois
de prévoyance et d'assistance.

Deuxième édition, augmentée d'un Appendice.

Un très fort volume in-18, format anglais. — Prix : 3 fr. 50 c.

---

# DU CRÉDIT ET DE L'IMPOT
### OU CE QU'IL Y A A FAIRE

Par un ancien receveur des finances, auteur de la Lettre à M. Thiers sur
le 4ᵉ livre de : LA PROPRIÉTÉ; 2ᵉ édition, revue et augmentée.

1 vol. grand in-18. Prix : 1 fr.

# GRANDE RÉDUCTION DE PRIX
### SUR LES OUVRAGES SUIVANTS.

Assemblée Nationale législative.

# LES TRIBUNS

Études parlementaires, morales et pittoresques, par TRIMALCION.
De Falloux, Ledru-Rollin, de Larochejaquelein, Ch. Lagrange, Victor Hugo,
Félix Pyat, Pierre Leroux, de Montalembert, général Cavaignac.
1 beau volume grand in-8 jésus, orné de magnifiques portraits en pied,
dessinés d'après nature, et gravés par MM. Pauquet, Devrits et Goujon,
Prix : au lieu de 5 fr. . . . . . . . . . . . . . . . . . . 3 fr.

# LES MONTAGNARDS DE 1848

Par A. CHENU (auteur des *Conspirateurs*), 7ᵉ édition; 1 beau volume in-18,
format anglais, orné de scènes et portraits dessinés d'après les croquis de
l'auteur. Prix : au lieu de 1 fr. . . . . . . . . . . . . 75 c.

# LES CONSPIRATEURS

Extraits des *Mémoires d'un Montagnard*, par A. CHENU. 2ᵉ partie, 8ᵉ édition. 1 vol. in-18, format anglais. Prix : au lieu de 1 fr. . . 75 c.

# DES MOYENS D'ÉTABLIR L'UNION

Lettres politiques à M. le comte Molé, par M. A. NETTEMENT, membre de
l'Assemblée nationale. 1 vol. gr. in-18. Prix : au lieu de 1 fr. . 75 c.

# LA FUSION ET LES PARTIS

Par C. de VALORI. 1 vol. grand in-18. Prix : au lieu de 50 c. . 30 c.

# PROUDHON AU TRIBUNAL DE LA PÉNITENCE

Par Ern. GRÉGOIRE fils. 1 vol. gr. in-18. Prix : au lieu de 50 c. . 30 c.

# ESSAI SUR LES USURPATIONS

Par M. le baron de S... de B... 1 vol. in-18 format anglais. Prix : au lieu
de 1 fr. . . . . . . . . . . . . . . . . . . . . . . . . 50 c.

# CONSEILS AU PEUPLE

Par un *inconnu*. Brochure in-18, avec cette épigraphe :
« Si la France demeure dans les voies révolutionnaires.... elle périra! »
Prix : 10 cent. — Prix par cent. . . . . . . . . . . . . . . 6 fr

# SEMAINE THÉATRALE

## REVUE ARTISTIQUE, LITTÉRAIRE ET MUSICALE

### Paraissant tous les Jeudis.

Prix de l'abonnement, France : Un an, 18 fr. Six mois, 10 fr. Trois mois, 6 fr.
Étranger :     —     20 fr.     —     11 fr.

On s'abonne : **A Paris**, au Bureau du Journal, **7, rue Vivienne**; — dans les **Départements**, chez tous les Libraires et les Directeurs de poste et de messageries; — **à Londres**, chez DELIZY, libraire, Regent's-street; — **à Bruxelles**, chez TARIDE; — **à Berlin**, chez BEHR; — **à Madrid**, chez MONIER; — **à Genève**, chez LEROYER.

Imprimerie de GUSTAVE GRATIOT, 11, rue de la Monnaie.

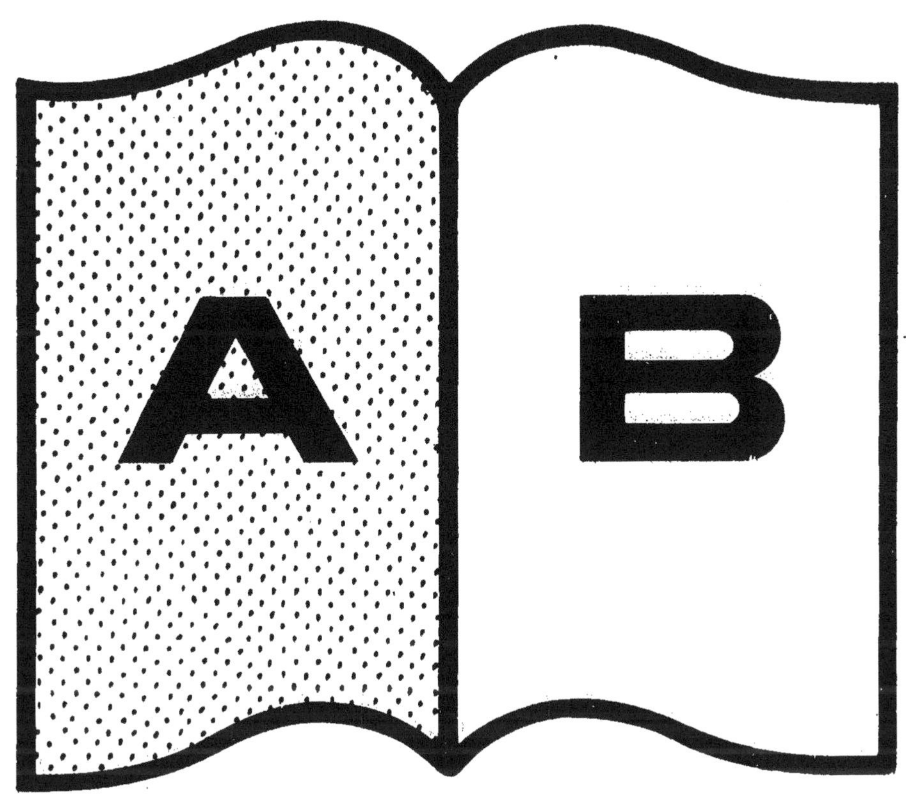

Contraste insuffisant

**NF Z 43**-120-14

www.ingramcontent.com/pod-product-compliance
Ingram Content Group UK Ltd.
Pitfield, Milton Keynes, MK11 3LW, UK
UKHW020137130726
13696UKWH00001B/394